Descubra Juegos Gratis Online

Disponibles Aquí:

**BestActivityBooks.com/FREEGAMES**

# 5 CONSEJOS PARA EMPEZAR

## 1) CÓMO RESOLVER LAS SOPA DE LETRAS

Los rompecabezas tienen un formato clásico:

- Las palabras se ocultan sin espacios ni guiones,...
- Orientación: Las palabras pueden escribirse hacia delante, hacia atrás, hacia arriba, hacia abajo o en diagonal (pueden estar invertidas).
- Las palabras pueden superponerse o cruzarse.

## 2) APRENDIZAJE ACTIVO

Junto a cada palabra hay un espacio para anotar la traducción. Para fomentar un aprendizaje activo, un **DICCIONARIO** al final de esta edición te permitirá comprobar y ampliar tus conocimientos. Busca y anota las traducciones, encuéntralas en el puzzle y añádelas a tu vocabulario!

## 3) MARCAR LAS PALABRAS

Puedes inventar tu propio sistema de marcado. ¿Quizás ya usas uno? También puedes, por ejemplo, marcar las palabras difíciles de encontrar con una cruz, las que te gustan con una estrella, las nuevas con un triángulo, las raras con un diamante, etc.

## 4) ESTRUCTURAR EL APRENDIZAJE

Esta edición ofrece un **CUADERNO DE NOTAS** muy práctico al final del libro. En vacaciones, de viaje o en casa, podrás organizar fácilmente tus nuevos conocimientos sin necesidad de un segundo cuaderno!

## 5) ¿HABÉIS TERMINADO TODAS LAS PARRILLAS?

En las últimas páginas de este libro, en la sección **DESAFÍO FINAL**, encontrarás un juego gratis!

¡Rápido y sencillo! Echa un vistazo a nuestra colección de libros de actividades para tu próximo momento de diversión y aprendizaje, ¡a sólo un clic de distancia!

Encuentre su próximo reto en:

BestActivityBooks.com/MiProximoLibro

# En sus marcas, listos, ¡Ya!

¿Sabías que hay unas 7.000 lenguas diferentes en el mundo? Las palabras son preciosas.

Nos encantan los idiomas y hemos trabajado duro para crear libros de la más alta calidad para tí. ¿Nuestros ingredientes?

Una selección de temas adecuados para el aprendizaje, tres buenas porciones de entretenimiento, y luego añadimos una cucharada de palabras difíciles y una pizca de palabras raras. Los servimos con cariño y máxima diversión para que puedas resolver los mejores juegos de palabras y te diviertas aprendiendo!

-------

Tu opinión es esencial. Puedes participar activamente en el éxito de este libro dejándonos un comentario. Nos encantaría saber qué es lo que más le ha gustado de esta edición.

Aquí hay un enlace rápido a tu página de pedidos:

BestBooksActivity.com/Opiniones50

Gracias por tu ayuda y diviértete!

*Todo el equipo*

# 1 - Ajedrez

| | | | | | | | | | | | | | | | |
|---|---|---|---|---|---|---|---|---|---|---|---|---|---|---|---|
| อ | ญ | ษ | เ | ด | า | เ | ฎ | บ | ธ | ส | ผ | ภ | ค | ด | ด |
| ก | ◌ุ | ถ | ฝ | ร | ฉ | ซ | ก | ฝ | ศ | ◌ี | ◌ู | เ | ถ | า | ฟ |
| า | ท | ท | ป | เ | ◌ี | จ | ส | ม | ต | ด | ◌้ | เ | ว | ล | า |
| ร | ค | ว | ◌ิ | ห | จ | ย | ฉ | ณ | น | ◌ำ | เ | ม | า | ฉ | ค |
| แ | ไ | ศ | ค | ศ | เ | ◌์ | น | ท | ฝ | ส | ล | ะ | ข | า | ◌ู |
| ข | ไ | ฝ | ศ | ะ | ณ | ร | น | ร | ว | ะ | ◌่ | ก | ป | น | ◌่ |
| ◌่ | ส | ภ | ห | เ | ศ | ◌ิ | แ | ไ | ◌ู | า | น | ล | า | แ | แ |
| ง | ซ | ก | ถ | า | บ | ต | ะ | น | ร | ◌้ | เ | ย | จ | ช | ข |
| ข | ง | ป | ษ | ซ | อ | ◌ั | ค | ด | ญ | อ | ผ | ◌ุ | ม | ภ | ◌่ |
| ◌ั | เ | ก | ป | ไ | ถ | ษ | ท | พ | แ | ภ | ก | ท | า | ห | ง |
| น | ป | ง | เ | ษ | ด | ก | ย | ย | แ | ม | ถ | ธ | ญ | พ | ย |
| ก | ไ | เ | น | น | ฝ | จ | ค | ป | ช | ภ | ญ | ◌์ | ซ | ไ | บ |
| ด | า | พ | ม | ศ | ฟ | ญ | ง | ถ | ม | จ | แ | ณ | เ | ษ | แ |
| ก | จ | น | อ | ไ | ไ | จ | ซ | อ | ป | ช | ฝ | ค | ว | ◌ี | น |
| ธ | ค | ฟ | ไ | น | ธ | ฉ | ห | ณ | ◌์ | ฝ | ต | ส | ว | ช | ด |
| เ | ส | ◌้ | น | ท | แ | ย | ง | ม | ◌ุ | ม | ฟ | ห | ป | ป | ล |

| | |
|---|---|
| เรียนรู้ | คู่แข่ง |
| ขาว | รู |
| แชมป์ | คะแนน |
| เส้นทแยงมุม | กฎ |
| กลยุทธ์ | ควีน |
| ฉลาด | กษัตริย์ |
| เกม | อุทิศ |
| ผู้เล่น | เวลา |
| สีดำ | การแข่งขัน |

# 2 - Agua

| น | ฟ | ต | ย | ฝ | น | ด | ว | ช | ฉ | น | ถ | บ | ค | ว | ฟ |
|---|---|---|---|---|---|---|---|---|---|---|---|---|---|---|---|
| ท | ค | ภ | ไ | ป | ผ | ื | เ | ฟ | ล | ะ | ค | แ | ย | ธ | ง |
| พ | ะ | ฉ | ไ | แ | น | ่ | ี | ล | ค | ป | ต | ไ | ข | ง | ข |
| า | ญ | เ | ก | ม | ณ | ม | ศ | ถ | ห | แ | ร | ภ | ม | แ | ็ |
| ย | จ | ป | ล | ุ | ณ | ไ | ธ | ษ | ง | ป | ฉ | ะ | ว | ด | แ |
| ุ | ฝ | เ | ด | ส | ไ | ด | ว | ด | น | ธ | ฝ | ต | ท | ภ | ำ |
| เ | ะ | อ | ฉ | ร | า | ้ | ผ | ก | เ | ณ | ย | ค | ่ | า | ้ |
| ฮ | ะ | า | เ | ม | ซ | บ | ห | ห | า | เ | ย | ล | ำ | ย | น |
| อ | ด | บ | บ | ห | ง | ภ | ซ | ิ | ผ | ร | ผ | อ | ้ | เ | ษ |
| ร | ไ | น | ้ | ี | ช | ฝ | ข | ม | จ | ว | ร | ง | น | า | ม |
| ิ | ย | ้ | ภ | ำ | ผ | ก | อ | ะ | ป | ส | ผ | ะ | จ | ค | ศ |
| เ | ห | ำ | พ | น | ้ | ำ | พ | ุ | ร | ้ | อ | น | เ | ผ | แ |
| ค | ย | ม | ป | ้ | ค | ว | า | ม | ช | ื | ้ | น | ะ | ห | ผ |
| น | แ | อ | ม | ่ | ผ | ญ | ไ | ค | ป | ญ | ต | ถ | น | ณ | ย |
| ป | ล | ย | ญ | ม | ถ | ฝ | น | ไ | อ | น | ้ | ำ | อ | ถ | ส |
| ส | ย | ม | ฝ | แ | ษ | ม | ห | า | ส | ม | ุ | ท | ร | ถ | จ |

| | |
|---|---|
| คลอง | ฝน |
| อาบน้ำ | มรสุม |
| การระเหย | หิมะ |
| น้ำพุร้อน | มหาสมุทร |
| น้ำแข็ง | คลื่น |
| ความชื้น | ดื่มได้ |
| พายเฮอริเคน | ชลประทาน |
| ชื้น | แม่น้ำ |
| น้ำท่วม | ไอน้ำ |
| ทะเลสาบ | |

# 3 - Arqueología

| | | | | | | | | | | | | | | | |
|---|---|---|---|---|---|---|---|---|---|---|---|---|---|---|---|
| ศ | ผ | ห | ล | ◌ุ | ม | ฝ | ◌ั | ง | ศ | พ | ก | ป | พ | ล | พ |
| ส | า | ◌ู | ษ | บ | ล | ◌ั | ก | ◌ื | ล | ม | า | ว | ค | ◌ู | ต |
| ม | ร | ส | ◌้ | ญ | ณ | ม | ร | ร | ธ | ย | ร | า | อ | ก | ธ |
| ◌ั | ไ | ป | ต | เ | ร | ◌ี | ว | ◌ั | ด | ณ | ป | ม | ป | ห | จ |
| ย | เ | ป | ง | ร | ช | ท | า | ป | น | ศ | ร | ด | ผ | ล | ด |
| โ | ม | ไ | า | ต | า | ◌ี | ป | ค | เ | ไ | ะ | ณ | ป | า | เ |
| บ | ธ | ศ | ณ | ร | ผ | จ | ◌่ | ◌ุ | ค | แ | เ | ฝ | ท | น | ภ |
| ร | ล | แ | บ | ญ | ไ | ถ | า | ย | ด | ค | ม | ก | ฝ | ง | ธ |
| า | ฉ | ◌ี | ซ | ห | ร | ◌ุ | ษ | ร | ว | ล | ◌ิ | ซ | ส | อ | ฟ |
| ณ | ธ | ร | ม | ด | ไ | ต | ฝ | ก | ย | ช | น | น | ไ | แ | ษ |
| น | ◌ั | ก | ว | ◌ิ | จ | ◌ั | ย | ร | ไ | ◌์ | า | ง | ม | ภ | า |
| ม | ว | แ | ร | ห | ห | ว | ร | ะ | ถ | ณ | ป | ญ | ◌่ | ธ | ถ |
| า | เ | ไ | บ | ง | อ | ษ | ท | ด | ฉ | ฝ | บ | ม | ท | ท | ษ |
| แ | ฝ | ก | ธ | จ | ด | จ | ฉ | ◌ู | ณ | ช | ม | ณ | ร | ญ | า |
| ฉ | ส | ช | ฟ | ม | ม | า | แ | ก | ษ | ล | ถ | ข | า | ต | ง |
| ข | อ | ง | ท | ◌ี | ◌่ | ร | ะ | ล | ◌ึ | ก | ศ | ะ | บ | ษ | จ |

สมัยโบราณ
ปี
อารยธรรม
ลูกหลาน
ไม่ทราบ
ทีม
ยุค
การประเมิน
ผู้เชี่ยวชาญ
ฟอสซิล
กระดูก
นักวิจัย
ความลึกลับ
วัตถุ
ลืม
ศาสตราจารย์
ของที่ระลึก
วัด
หลุมฝังศพ

# 4 - Granja #2

| | | | | | | | | | | | | | | | |
|---|---|---|---|---|---|---|---|---|---|---|---|---|---|---|---|
| จ | น | ร | ป | ร | ษ | น | ด | ส | ด | ร | ฉ | ล | ท | ธ | ช |
| ข | ◌้ | า | ว | โ | พ | ด | ษ | ว | ฝ | ◌ั | ผ | า | ◌ุ | ล | ล |
| น | ไ | ห | ล | า | ม | า | ไ | น | โ | ง | ร | ญ | ◌่ | ช | ป |
| ข | ม | า | ฝ | ห | พ | ค | ช | ผ | ร | ผ | ง | ข | ง | ภ | ร |
| ช | ช | อ | ย | ญ | ะ | ร | า | ล | ง | ◌ึ | ฝ | ◌้ | ห | ห | ะ |
| น | ไ | จ | ล | บ | ช | ก | ว | ไ | น | ◌้ | ข | า | ญ | ผ | ท |
| ก | ท | ข | จ | ญ | า | ข | น | ม | า | ง | ถ | ว | ◌้ | ร | า |
| ด | ป | ฉ | ล | ข | ธ | ร | า | ◌้ | เ | ศ | ผ | ส | า | ภ | น |
| แ | ร | ช | จ | ◌ู | ษ | ว | ◌์ | ต | ◌ั | ส | ล | า | ม | ธ | ซ |
| ศ | น | ม | ก | ว | ก | ผ | ร | เ | ฟ | ก | ไ | ล | ภ | ห | เ |
| ย | ป | ผ | ฝ | ซ | ◌ั | แ | ข | ซ | ล | ย | ม | ◌ี | ป | ฟ | ห |
| ร | ท | ต | ซ | ะ | ผ | ง | ก | ส | ณ | ◌่ | ◌้ | ณ | ส | า | ภ |
| ย | ต | ถ | ถ | ห | ม | ม | ข | ะ | ก | แ | ย | อ | า | ง | ก |
| ร | ถ | แ | ท | ร | ก | เ | ต | อ | ร | ◌์ | ณ | ◌์ | อ | ว | ฟ |
| ค | น | เ | ล | ◌ี | ◌้ | ย | ง | แ | ก | ะ | เ | ป | ◌็ | ด | เ |
| ไ | ล | ร | ถ | ฝ | ก | ไ | ม | ท | น | ภ | ข | ผ | จ | บ | อ |

ชาวนา
สัตว์
บาร์เล่ย์
รังผึ้ง
อาหาร
ลูกแกะ
ผลไม้
โรงนา
สวนผลไม้
นม
ลามา
ข้าวโพด
แกะ
คนเลี้ยงแกะ
เป็ด
ทุ่งหญ้า
ชลประทาน
รถแทรกเตอร์
ข้าวสาลี
ผัก

# 5 - La Empresa

| | | | | | | | | | | | | | | | |
|---|---|---|---|---|---|---|---|---|---|---|---|---|---|---|---|
| ค | ณ | น | ไ | ย | ก | ก | ว | ญ | พ | ท | ต | จ | ท | ม | ช |
| ค | ◌่ | บ | ช | ะ | ษ | า | า | พ | ม | ก | ม | ธ | ◌ั | ◌ี | ◌ี |
| ว | จ | า | ส | ห | ช | ข | ร | ร | ป | ถ | ธ | อ | ◌่ | อ | ◌่ |
| า | ม | ผ | จ | ต | ฉ | ล | ท | ต | น | ฟ | ภ | ฟ | ว | อ | อ |
| ม | บ | ล | ผ | ◌้ | ฟ | ท | ล | ก | ◌ั | ◌ำ | ภ | ญ | โ | า | เ |
| ค | ฝ | ◌ิ | ศ | ช | า | ส | ต | ม | ค | ด | เ | ว | ล | ช | ส |
| ◌ี | ด | ต | ว | ฟ | ฝ | ง | ห | จ | ◌์ | ส | ส | ส | ก | ◌ี | ◌ี |
| บ | น | ภ | ฝ | น | ว | ◌ั | ต | ก | ร | ร | ม | ◌ิ | น | พ | ย |
| ห | ◌ุ | ◌ั | ห | น | ◌่ | ว | ย | ◌ิ | ร | ท | ญ | ณ | น | อ | ง |
| น | ท | ณ | ฝ | อ | ก | ป | อ | ร | ส | ร | ล | ห | ค | ใ | ช |
| ◌้ | ง | ฑ | ล | น | า | ข | ด | ◌ุ | ง | า | ส | อ | ณ | ง | จ |
| า | ล | ◌์ | ษ | ษ | ว | ญ | ก | ธ | า | ย | ณ | ง | ไ | พ | ส |
| ท | ร | ◌ั | พ | ย | า | ก | ร | ด | ◌้ | ไ | อ | ศ | า | ฉ | ข |
| ร | า | ค | ◌ุ | ณ | ภ | า | พ | ด | ร | ด | ย | บ | ห | จ | ไ |
| อ | ก | ย | บ | ง | ต | ธ | ค | ไ | ส | ◌้ | ภ | ใ | แ | ด | ป |
| ต | ศ | ฝ | ร | ห | ค | ว | า | ม | เ | ส | ◌ี | ◌่ | ย | ง | ว |

คุณภาพ
สร้างสรรค์
การตัดสินใจ
ทั่วโลก
รายได้
นวัตกรรม
การลงทุน
ธุรกิจ
การนำเสนอ
ผลิตภัณฑ์
มืออาชีพ
ความคืบหน้า
ทรัพยากร
ชื่อเสียง
ความเสี่ยง
ค่าจ้าง
หน่วย

# 6 - Aviones

| | | | | | | | | | | | | | | | |
|---|---|---|---|---|---|---|---|---|---|---|---|---|---|---|---|
| ไ | ส | อ | ท | ช | ฉ | ธ | ซ | เ | ใ | ด | ด | ผ | ษ | ก | ย |
| ซ | ฮ | ฟ | อ | ร | ส | ฉ | ผ | ค | ย | ด | ห | ◌ู | ป | า | ช |
| ถ | า | โ | เ | ก | ช | ส | ล | ร | ย | ผ | ไ | ◌้ | ไ | ร | ฝ |
| ฝ | เ | ไ | ด | อ | แ | ษ | ค | ◌ี | ะ | ม | ผ | โ | บ | ผ | ป |
| ง | ช | บ | ◌ั | ร | ไ | บ | แ | ◌่ | ฟ | ญ | ง | ด | ณ | จ | ร |
| ส | า | ภ | พ | ◌ี | เ | ะ | บ | อ | ษ | ไ | ล | ย | บ | ญ | ะ |
| ◌ู | พ | ไ | บ | เ | ใ | จ | พ | ง | ร | ค | ◌ิ | ส | ะ | ภ | ว |
| ม | ง | ศ | ใ | า | ม | ห | น | ย | ญ | ◌ี | พ | า | ษ | ◌ั | ◌ั |
| า | ณ | า | ส | ◌่ | ไ | ภ | บ | น | แ | ถ | เ | ร | ฟ | ย | ต |
| ว | ถ | ก | า | ท | ท | ก | ◌ิ | ต | ช | ท | อ | ก | บ | แ | ◌ิ |
| ค | ว | า | ม | ส | ◌ู | ง | ก | ◌์ | จ | ◌ิ | ◌้ | ไ | ◌ู | ต | ศ |
| บ | อ | ย | ฝ | ม | ม | แ | ◌ั | ะ | ย | ศ | ◌ี | ไ | ธ | ล | า |
| ◌ั | า | ร | ง | ว | พ | น | น | ข | ภ | ท | ช | ไ | ช | ฟ | ส |
| ด | ก | ร | ล | ◌ู | ก | โ | ป | ◌่ | ง | า | เ | ง | ฝ | จ | ต |
| ะ | า | บ | ฝ | ป | ร | ห | า | ฟ | ◌้ | ง | อ | ◌้ | ท | ป | ร |
| ร | ศ | ก | า | ร | ก | ◌่ | อ | ส | ร | ◌้ | า | ง | า | า | ◌์ |

อากาศ
ระดับความสูง
ความสูง
ท่าเรือ
บรรยากาศ
การผจญภัย
ท้องฟ้า
เชื้อเพลิง
การก่อสร้าง
ทิศทาง
ออกแบบ
ลูกโป่ง
ใบพัด
ไฮโดรเจน
ประวัติศาสตร์
เครื่องยนต์
ผู้โดยสาร
นักบิน
ลูกเรือ

# 7 - Tipos de Cabello

| | | | | | | | | | | | | | | | |
|---|---|---|---|---|---|---|---|---|---|---|---|---|---|---|---|
| ด | ต | ผ | ข | ศ | า | ย | ส | ส | ธ | ค | แ | ห | ◌้ | ง | ษ |
| อ | ◌่ | อ | น | น | ◌ุ | ◌่ | ม | ◌ี | ◌ี | ด | ภ | ส | ว | า | ย |
| ถ | ◌ั | ก | เ | ป | ◌ี | ย | แ | ย | น | ด | น | ◌ั | า | บ | ช |
| ถ | ห | ห | ม | า | ถ | ค | ศ | ฟ | ถ | ◌้ | ◌ำ | ◌้ | ข | ษ | อ |
| ส | ◌ี | บ | ล | อ | น | ด | ◌์ | เ | ฟ | ก | ◌ำ | น | ษ | บ | ม |
| ช | ค | ล | ษ | ษ | ร | ษ | ล | ฝ | ย | ฉ | ผ | ต | ศ | ไ | เ |
| ข | ย | ส | ส | ช | ก | ม | ม | า | ฝ | บ | ช | ว | า | ซ | ง |
| ษ | อ | ษ | ญ | ฉ | ก | ะ | ป | ส | ห | ฟ | เ | ญ | ท | ล | ◌ิ |
| ฝ | ฉ | ซ | ไ | ว | ม | ง | เ | ช | น | ย | ฝ | ข | เ | ญ | น |
| บ | ก | บ | ไ | จ | จ | ณ | แ | ไ | ◌ั | ว | ย | ห | ◌ี | ไ | ห |
| ฟ | ล | ษ | ล | แ | พ | า | ข | ณ | ง | ด | ห | ง | ส | ไ | บ |
| ช | ภ | ภ | น | ต | ป | ก | ◌็ | เ | ศ | ก | ย | ป | ก | ร | น |
| ท | ะ | า | อ | ฟ | า | า | ง | เ | ◌ี | า | ◌ั | ด | ข | า | ช |
| ท | ท | ว | ด | ซ | ธ | จ | แ | ฟ | ร | ไ | ก | ◌ิ | ย | ห | ค |
| เ | ศ | ฝ | ห | น | า | า | ร | ม | ษ | ท | ห | ◌ั | ภ | ห | พ |
| ห | ◌ั | ว | ล | ◌้ | า | น | ง | อ | ะ | ด | ร | ด | ถ | ไ | ธ |

ขาว
เงา
หนังศีรษะ
หัวล้าน
สั้น
บาง
สีเทา
หนา
ยาว
สีน้ำตาล
สีดำ
หยัก
เงิน
หยิก
สีบลอนด์
แข็งแรง
แห้ง
อ่อนนุ่ม
ถัก
ถักเปีย

# 8 - Ciencia Ficción

| | | | | | | | | | | | | | | | |
|---|---|---|---|---|---|---|---|---|---|---|---|---|---|---|---|
| แ | ห | ะ | ฉ | บ | ก | ย | ◌ู | โ | ท | เ | ป | ◌ี | ย | เ | ะ |
| ม | น | น | ไ | ม | ต | า | ◌์ | ร | อ | บ | ม | ป | จ | ท | ฟ |
| ด | ◌ั | ไ | ก | ล | ◌์ | ณ | ร | า | ก | น | า | ถ | ส | ค | ไ |
| ล | ง | ไ | ฟ | ศ | ฉ | ช | ต | ร | อ | ศ | ค | ช | จ | โ | ค |
| ไ | ส | ณ | แ | า | น | น | น | ท | ะ | ถ | ญ | น | ฝ | น | ง |
| ท | ◌ี | อ | ะ | ต | อ | ม | ย | ส | ะ | เ | ฝ | ะ | ด | โ | อ |
| เ | อ | ภ | ญ | ห | ช | ว | พ | พ | ฟ | ศ | บ | น | ข | ล | ม |
| พ | ศ | า | ส | ◌ุ | ต | ค | า | น | อ | ก | ล | ◌ิ | ◌ี | ย | ห |
| ◌้ | ฉ | พ | ◌ิ | ◌่ | ต | ผ | ภ | ป | จ | ร | ◌ั | น | ด | ◌ี | ◌ั |
| อ | เ | ล | ท | น | ศ | ภ | ง | ฟ | ไ | บ | ก | ล | ◌ุ | แ | ศ |
| ฝ | ภ | ว | ธ | ย | ม | ไ | ร | ภ | ห | ศ | ◌ึ | ไ | ส | ร | จ |
| ◌ั | จ | ง | ◌ิ | น | ย | ะ | โ | ณ | เ | โ | ล | ภ | ฟ | ง | ร |
| น | ค | ต | ◌์ | ต | ผ | ห | ญ | น | ถ | ล | ป | เ | ค | า | ร |
| ค | ป | า | า | ◌์ | ล | ด | ห | ส | ป | ก | ส | ศ | จ | ผ | ย |
| ช | ก | า | แ | ล | ก | ซ | ◌ี | ◌่ | พ | ต | ย | ช | ศ | ม | ◌์ |
| ด | า | ว | เ | ค | ร | า | ะ | ห | ◌์ | ศ | ม | ไ | พ | ก | า |

อะตอม
โรงภาพยนตร์
ไกล
สถานการณ์
การระเบิด
สุดขีด
มหัศจรรย์
ไฟ
อนาคต
กาแลกซี่

ภาพลวงตา
เพ้อฝัน
หนังสือ
ลึกลับ
โลก
สิทธิ์
ดาวเคราะห์
หุ่นยนต์
เทคโนโลยี
ยูโทเปีย

# 9 - Granja #1

| | | | | | | | | | | | | | | | |
|---|---|---|---|---|---|---|---|---|---|---|---|---|---|---|---|
| ธ | ม | ◌้ | า | า | ย | ไ | ย | ม | อ | ะ | ร | ◌ำ | ฉ | ข | น |
| า | ง | ย | ญ | ม | น | จ | บ | ภ | า | ษ | ข | ◌้ | า | ว | ◌้ |
| ต | แ | ป | ถ | ญ | ป | ย | ข | ท | ท | ข | ด | น | ธ | ◌ั | ◌ำ |
| ผ | ซ | ◌ุ | น | ฟ | ฉ | ช | ภ | ณ | ค | ศ | ใ | น | ญ | ว | ผ |
| ส | น | ◌๋ | า | ฟ | ส | ถ | แ | บ | ช | ห | ม | า | ซ | ไ | ◌ึ |
| น | ว | ย | ว | า | ผ | ณ | บ | ซ | ภ | ต | น | ธ | ก | ย | ◌้ |
| า | ผ | ◌ึ | ◌้ | ง | ท | ◌ี | ◌่ | ด | ◌ิ | น | ◌่ | เ | ฉ | ◌ี | ง |
| ม | พ | ะ | ◌ั | ว | ค | ญ | ธ | ◌็ | ฝ | ย | อ | ล | ก | ใ | อ |
| า | ธ | ไ | ร | ฝ | บ | ห | ฉ | ล | ต | ณ | ง | า | ป | ส | ล |
| ฟ | ข | ง | ญ | ฉ | ด | ข | ธ | ม | ถ | ผ | ผ | ศ | ย | จ | ธ |
| ต | ง | บ | ว | ภ | ไ | ณ | ธ | เ | บ | ร | ต | ข | พ | ใ | ใ |
| พ | ร | ต | น | ห | ห | ห | ก | แ | พ | ม | ก | ธ | ถ | า | ส |
| ผ | ด | ธ | ท | ซ | เ | พ | ช | ว | ฉ | ข | ท | ไ | ช | ส | ป |
| ไ | ท | ก | จ | ฟ | า | ง | แ | ภ | ห | ฝ | ร | ก | ก | ส | ง |
| ภ | ไ | ใ | ไ | ณ | ต | ท | ถ | ม | ผ | ช | ด | ม | ฝ | ◌่ | ท |
| เ | ก | ษ | ต | ร | ก | ร | ร | ม | ว | แ | พ | ะ | ศ | ย | ะ |

ผึ้ง
เกษตรกรรม
น้ำ
ข้าว
ลา
ม้า
แพะ
สนาม
อีกา
ปุ๋ย

แมว
ฟาง
น้ำผึ้ง
หมา
ไก่
เมล็ด
น่อง
ที่ดิน
วัว
รั้ว

# 10 - Camping

| | | | | | | | | | | | | | | | |
|---|---|---|---|---|---|---|---|---|---|---|---|---|---|---|---|
| น | ห | ฉ | ซ | เ | ม | ต | ร | ฟ | เ | ย | ม | พ | ม | ท | ฟ |
| แ | ศ | ก | า | ป | ฉ | จ | ◌้ | ◌ู | ษ | บ | อ | ภ | ป | ด | ด |
| ศ | า | ท | ค | ล | ข | แ | ภ | น | อ | เ | จ | ล | ช | ล | แ |
| ฝ | ห | ศ | ฉ | ญ | ร | า | ข | ค | ไ | ด | ศ | ไ | ง | ◌่ | ผ |
| ไ | ห | อ | ก | ว | ม | ห | บ | แ | ต | ม | ถ | ไ | ย | า | น |
| ห | ◌้ | า | ง | น | า | ร | ต | ล | ศ | ณ | ◌้ | ฟ | เ | ส | ท |
| ภ | ป | ◌่ | ณ | แ | ห | ณ | ท | ช | ส | ญ | อ | พ | ข | ◌ั | ◌ี |
| ◌ุ | ท | ป | ส | ◌ั | ต | ว | ◌์ | แ | ไ | ม | อ | ช | ◌็ | ต | ◌่ |
| เ | น | ล | พ | ธ | น | ข | น | ร | ม | ม | ถ | ง | ม | ว | ง |
| ข | ล | ง | ะ | ย | ะ | น | ◌็ | ต | ก | ล | ณ | ไ | ท | ◌์ | ท |
| า | บ | แ | ป | ไ | ไ | ญ | ต | ห | ช | ป | ง | เ | ◌ิ | ข | ะ |
| พ | ม | บ | บ | า | ส | ล | เ | ะ | ท | น | ◌ุ | ญ | ศ | ต | ต |
| ด | ว | ง | จ | ◌ั | น | ท | ร | ◌์ | ม | ไ | ก | อ | ◌ื | ช | เ |
| ธ | ร | ร | ม | ช | า | ต | ◌ิ | ไ | ถ | ษ | ญ | ถ | ภ | ด | น |
| ไ | อ | ก | ภ | ข | ฉ | ก | า | ร | ผ | จ | ญ | ภ | ◌ั | ย | แ |
| ป | ง | ม | ค | ล | ถ | ซ | อ | พ | ต | บ | แ | จ | น | ฉ | ฉ |

สัตว์
การผจญภัย
ต้นไม้
ป่า
เข็มทิศ
ห้าง
แคนู
เต็นท์
ล่าสัตว์
เชือก
อุปกรณ์
ไฟ
เปลญวน
แมลง
ทะเลสาบ
ดวงจันทร์
แผนที่
ภูเขา
ธรรมชาติ
หมวก

# 11 - Fruta

| | | | | | | | | | | | | | | | |
|---|---|---|---|---|---|---|---|---|---|---|---|---|---|---|---|
| จ | ช | ธ | ส | พ | แ | บ | า | ก | ส | ถ | ท | บ | ภ | แ | ส |
| ม | ะ | น | า | ว | อ | ฝ | ห | ช | ◌ี | พ | ล | ธ | ม | อ | ◌ั |
| ต | เ | บ | ล | ม | ป | ก | น | เ | ย | ว | ◌้ | ล | ก | ป | ป |
| ผ | ช | พ | ◌ู | ะ | ร | ะ | ด | ง | ฝ | น | ◌ี | ษ | ผ | เ | ป |
| ณ | อ | ส | ก | ล | ◌ิ | ณ | โ | ฝ | แ | ศ | ส | ◌่ | ร | ป | ะ |
| ม | ร | ◌้ | แ | ะ | ค | ว | า | ◌้ | ร | พ | ะ | ม | ม | ◌ิ | ร |
| ช | ◌์ | ม | พ | ก | อ | ถ | ค | จ | ◌ี | ◌ั | ฉ | ณ | ซ | ◌้ | ด |
| บ | ร | ง | ร | อ | ท | ข | ว | ม | ◌่ | ณ | ◌่ | ณ | พ | ล | ล |
| ป | ◌ี | ฉ | ◌์ | า | ฟ | แ | โ | อ | ◌์ | ผ | ท | ง | ต | ห | ผ |
| ไ | ◌่ | ว | ะ | ข | ณ | ส | า | น | ร | เ | ม | ล | อ | น | ฉ |
| ก | ย | ค | ห | ศ | น | ส | อ | ณ | อ | ย | ด | เ | ล | ช | จ |
| ถ | ะ | เ | ร | ◌ี | ◌่ | ◌์ | ร | อ | บ | เ | ส | า | ร | แ | พ |
| ห | ษ | น | ◌ี | ร | า | ท | ค | น | เ | ศ | ล | ป | ร | ป | ร |
| ษ | ณ | พ | ย | ภ | ภ | จ | พ | ษ | ก | ม | ะ | ม | ◌่ | ว | ง |
| อ | ง | ◌ุ | ◌่ | น | ญ | ฉ | ข | พ | ศ | ม | ะ | ง | ถ | ฉ | ฟ |
| ญ | ก | น | ฟ | ฟ | อ | ค | ภ | ซ | ห | ญ | เ | ซ | ผ | ก | ณ |

อาโวคาโด
แอปริคอท
เบอร์รี่
เชอร์รี่
มะพร้าว
ราสเบอร์รี่
ฝรั่ง
กีวี่
มะนาว
มะม่วง
แอปเปิ้ล
พีช
เมลอน
ส้ม
เนคทารีน
มะละกอ
ลูกแพร์
สัปปะรด
กล้วย
องุ่น

# 12 - Geología

| | | | | | | | | | | | | | | | |
|---|---|---|---|---|---|---|---|---|---|---|---|---|---|---|---|
| ภ | ค | ย | พ | ไ | ช | ก | ◌์ | ซ | ท | อ | ว | ค | ก | ว | น |
| ◌ู | ฟ | อ | ส | ซ | ◌ิ | ล | ร | ผ | ญ | ไ | ป | เ | ล | ป | ท |
| เ | ไ | ย | ว | ซ | ผ | ธ | อ | ด | จ | ล | ภ | ฝ | ถ | ไ | ◌ี |
| ข | ะ | ◌้ | ณ | น | ส | แ | ซ | ร | ซ | า | ง | ไ | ป | ง | ◌่ |
| า | ฝ | น | ถ | จ | ะ | ฝ | เ | ศ | ล | ว | ฉ | ก | ง | อ | ร |
| ไ | ห | ◌ิ | ศ | จ | ค | ณ | ก | ข | ค | า | ผ | ม | ฟ | ม | า |
| ฟ | ผ | ห | จ | ร | ว | ห | ไ | น | ด | ◌ิ | น | ◌่ | ผ | แ | บ |
| แ | ร | ◌่ | ธ | า | ต | ◌ุ | เ | ง | ◌้ | ฟ | ถ | ไ | ฝ | ห | ส |
| ถ | ◌้ | ◌ำ | พ | เ | ธ | ซ | ก | ล | ต | ◌ั | ส | ◌ิ | ร | ค | ◌ู |
| ป | ะ | ก | า | ร | ◌ั | ง | ล | ญ | ง | ณ | ช | ด | พ | ซ | ง |
| ต | ไ | อ | พ | ท | ห | ญ | ◌ี | แ | ค | ล | เ | ซ | ◌ี | ย | ม |
| ท | ธ | ง | แ | ผ | ร | ช | อ | ร | ล | ซ | ฉ | ก | ผ | แ | ถ |
| ท | ฟ | น | จ | ด | เ | ด | ษ | ต | ฟ | เ | ษ | ย | ท | ร | ไ |
| ว | ศ | ◌ิ | ข | จ | ถ | ม | น | ล | ย | บ | ภ | ญ | ช | ค | ย |
| ◌ี | ธ | ห | จ | ป | เ | ถ | ร | ท | ล | ฉ | ท | ะ | เ | ว | พ |
| ป | ษ | อ | ม | ภ | ษ | เ | ห | ◌ิ | น | อ | ◌่ | ร | ธ | บ | ไ |

กรด
แคลเซียม
ชั้น
ถ้ำ
ทวีป
ปะการัง
คริสตัล
ควอทซ์
ร่อน
หินย้อย
หินงอก
ฟอสซิล
ไกเซอร์
ลาวา
ที่ราบสูง
แร่ธาตุ
หิน
เกลือ
แผ่นดินไหว
ภูเขาไฟ

# 13 - Álgebra

| | | | | | | | | | | | | | | | |
|---|---|---|---|---|---|---|---|---|---|---|---|---|---|---|---|
| เ | ะ | ย | เ | ส | า | ร | ล | ะ | ล | า | ย | ม | ณ | จ | ค |
| ม | เ | ภ | ศ | อ | น | ◌ั | น | ต | ◌์ | ค | พ | ย | ะ | ผ | ศ |
| ต | ธ | ด | ษ | ก | ฉ | ฉ | ร | เ | ป | ป | ◌ั | จ | จ | ◌ั | ย |
| ร | ข | ฟ | ส | ก | ช | ไ | ซ | ศ | ร | ส | จ | แ | ค | ข | ะ |
| ◌ิ | ด | ส | ◌่ | น | า | ถ | น | ก | ◌ิ | ส | ธ | ซ | ฟ | ห | ซ |
| ก | จ | ก | ว | ผ | ซ | ร | า | บ | ม | ค | ม | ษ | ส | ว | ป |
| ซ | ◌็ | ณ | น | แ | ข | ฝ | ล | ไ | า | ซ | ฟ | ก | า | ศ | ต |
| ◌์ | ท | ◌ำ | ะ | ษ | ล | ษ | ย | บ | ณ | ต | ก | ข | า | ม | ◌ั |
| ธ | เ | จ | ญ | ต | เ | ล | ธ | ◌็ | ฉ | ◌ั | พ | า | า | ร | ว |
| ส | ◌ู | ต | ร | า | ว | ช | ฟ | ล | ถ | ว | า | ข | า | ผ | แ |
| ไ | ภ | า | ห | ญ | ◌ั | ป | ◌ิ | เ | ห | แ | ย | ส | ฟ | เ | ป |
| ะ | จ | ภ | ง | ว | ต | ร | ศ | ง | ล | ท | ซ | ว | ป | า | ร |
| ด | เ | ฝ | แ | ว | น | า | ◌ู | ว | เ | น | จ | ย | ธ | ธ | ด |
| แ | า | ส | จ | พ | า | ภ | น | ผ | แ | ส | จ | ศ | ไ | ส | ว |
| เ | ผ | พ | อ | ล | ด | ป | ย | ง | ญ | จ | ◌้ | ฝ | ต | ก | ช |
| จ | ศ | ท | แ | ด | ฝ | ท | ◌์ | เ | ซ | ะ | ล | น | ว | ณ | ก |

ปริมาณ
ศูนย์
แผนภาพ
แผนก
สมการ
ตัวแทน
ปัจจัย
เท็จ
สูตร
เศษส่วน
อนันต์
เชิงเส้น
เมตริกซ์
ตัวเลข
วงเล็บ
ปัญหา
การลบ
ทำ
สารละลาย
ตัวแปร

# 14 - Plantas

| | | | | | | | | | | | | | | | |
|---|---|---|---|---|---|---|---|---|---|---|---|---|---|---|---|
| ร | ฝ | า | ไ | ป | ต | ม | อ | ส | ส | ◌์ | ด | พ | ญ | ศ | ก |
| ◌ี | า | ษ | ช | ◌ุ | บ | ◌้ | ถ | ฉ | ฟ | ต | อ | ◌ี | ธ | ก | ร |
| ◌่ | พ | ก | ะ | ◌๋ | ◌ี | ม | น | ใ | อ | เ | ก | ช | แ | ใ | ะ |
| ◌์ | ข | น | ร | ย | ล | ไ | ว | ไ | เ | จ | ไ | ณ | ญ | ย | บ |
| ร | ะ | บ | เ | ◌์ | ก | บ | ส | ล | ม | ด | ม | ป | ณ | ไ | อ |
| อ | จ | ธ | อ | ต | ย | ใ | เ | ท | ม | ◌้ | ◌้ | ด | ะ | ณ | ง |
| บ | ◌่ | ผ | ค | ◌ิ | พ | ฤ | ก | ษ | ศ | า | ส | ต | ร | ◌์ | เ |
| เ | ญ | ◌ี | บ | ท | ย | ก | ไ | ญ | ใ | ฟ | ล | อ | ร | า | พ |
| ษ | า | จ | ว | า | ฟ | ห | ส | ป | ะ | ค | ย | ร | ฝ | ช | ช |
| บ | ญ | ป | ◌่ | อ | ข | อ | ฉ | ว | อ | ร | เ | ล | ท | ม | ร |
| ซ | ไ | ◌่ | ◌ั | ง | ไ | ะ | ห | ผ | ร | แ | ง | ว | ะ | ภ | ป |
| ย | ม | า | ถ | ว | ก | ป | ญ | ล | ค | ร | ด | ณ | ม | ผ | ภ |
| ไ | ◌้ | ศ | ธ | ด | ง | า | ◌้ | ค | อ | ถ | ส | ใ | ฉ | ถ | บ |
| บ | ไ | ผ | ท | ผ | ก | ศ | า | ถ | ข | เ | ใ | ฝ | ว | ง | ว |
| ล | ผ | า | ศ | า | น | ษ | ส | ศ | ล | ผ | ไ | ไ | จ | ป | เ |
| ค | ◌่ | ภ | ผ | ท | ท | พ | ต | ย | ห | ญ | ด | ค | ม | ภ | ช |

บุช
ต้นไม้
ไม้ไผ่
เบอร์รี่
ป่า
พฤกษศาสตร์
กระบองเพชร
ปุ๋ย
ดอกไม้
ฟลอรา
ใบไม้
ถั่ว
ไอวี่
หญ้า
สวน
มอสส์
กลีบ
ราก
ดวงอาทิตย์
พืช

# 15 - Suministros de Arte

| | | | | | | | | | | | | | | | |
|---|---|---|---|---|---|---|---|---|---|---|---|---|---|---|---|
| ช | ณ | ณ | ป | า | า | แ | ซ | ไ | จ | ข | เ | ญ | เ | เ | น |
| ฝ | น | บ | แ | ญ | ฝ | ไ | ค | ร | ช | จ | ช | ล | ไ | ต | เ |
| อ | ซ | ล | ว | น | ฝ | ม | ธ | ไ | ษ | ก | จ | ณ | ม | ษ | ก |
| ซ | พ | ง | พ | ข | ภ | น | ล | ก | แ | า | ะ | ฉ | อ | ไ | เ |
| ถ | ◌่ | า | น | ง | ◌ำ | ต | ษ | ศ | ท | ช | ง | ธ | ศ | อ | ณ |
| ญ | ง | ย | ฝ | อ | ◌ี | ◌้ | า | ◌้ | ก | เ | ท | ล | พ | เ | ญ |
| า | ภ | จ | น | ◌้ | ช | ะ | น | ง | บ | ฝ | ะ | ณ | า | ด | ห |
| เ | ศ | เ | ค | ล | ย | ◌์ | แ | ม | ก | ข | เ | พ | ส | ◌ี | ภ |
| ฝ | ซ | พ | ว | ก | า | ค | ป | ถ | ◌ั | จ | ช | บ | บ | ย | อ |
| ข | า | ต | ◌ั | ◌้ | ง | ล | ร | ส | ◌ี | ◌ำ | ฝ | ไ | ก | ธ | แ |
| ส | ◌ี | น | ◌้ | ◌ำ | ช | ◌ิ | ง | พ | ษ | ถ | ◌้ | ข | า | ท | ซ |
| จ | ม | พ | โ | ญ | เ | ◌ิ | ษ | ก | ญ | ศ | ห | น | ว | พ | ฟ |
| จ | พ | ภ | ค | ต | ะ | ร | บ | ะ | ณ | ท | ก | ธ | ส | ม | ธ |
| แ | ไ | อ | ะ | พ | ◌๊ | ค | ค | ง | ม | เ | ไ | ช | อ | ล | า |
| ช | ฟ | ฝ | ษ | า | ด | ะ | ร | ก | ล | พ | จ | ณ | ส | เ | ข |
| ห | ไ | บ | ว | ะ | ก | อ | ส | น | ◌ิ | ด | ห | ม | ◌ึ | ก | ม |

น้ำมัน
อะคริลิค
สีน้ำ
น้ำ
เคลย์
ยางลบ
ขาตั้ง
ถ่าน
กล้อง
แปรง
สี
ไอเดีย
ดินสอ
โต๊ะ
กระดาษ
พาส
กาว
เก้าอี้
หมึก

# 16 - Negocio

| | | | | | | | | | | | | | | | |
|---|---|---|---|---|---|---|---|---|---|---|---|---|---|---|---|
| ง | ก | น | ว | ว | ญ | ถ | ด | โ | ค | ส | ก | อ | ด | ฝ | ธ |
| พ | บ | า | า | ร | ม | อ | ฟ | ร | ◌่ | ◌ิ | ข | อ | ท | ป | ◌ุ |
| อ | ฟ | ป | ร | ย | ฝ | ง | ย | ง | า | น | ญ | ฟ | จ | ฟ | ร |
| ร | ะ | ส | ร | เ | จ | ไ | เ | ง | ใ | ค | อ | ฟ | ย | บ | ก |
| บ | ญ | ไ | อ | ะ | ง | ◌้ | ไ | า | ช | ◌้ | า | ◌ิ | ษ | ส | ร |
| ษ | ช | เ | ภ | ม | ม | ◌ิ | า | น | ◌้ | า | ช | ศ | ฝ | ◌่ | ร |
| ธ | ห | ส | ห | ร | ค | า | น | ง | จ | ท | ◌ี | ซ | ผ | ว | ม |
| ผ | ซ | ท | ก | ◌้ | ถ | ส | ณ | ม | ◌่ | ว | พ | ญ | ข | น | ช |
| พ | ม | ร | ฝ | า | อ | ต | ◌ี | ษ | า | ภ | ณ | ป | ญ | ล | ต |
| น | ◌ิ | ง | เ | น | ย | ธ | แ | ท | ย | ถ | ว | ย | จ | ด | ไ |
| ◌ั | ข | า | ย | ย | เ | ศ | ร | ษ | ฐ | ศ | า | ส | ต | ร | ◌์ |
| ก | ฟ | ฝ | ต | ห | ฉ | จ | ส | ◌ั | ท | ช | ษ | ม | พ | ซ | ญ |
| ง | ผ | ฟ | ก | า | ด | ย | จ | ◌ิ | ก | ห | ข | ช | แ | บ | ค |
| า | เ | ง | ◌ิ | น | ต | ร | า | ร | ง | ฉ | ว | ธ | ต | ซ | ญ |
| น | ◌ุ | ท | ง | ล | ร | า | ก | บ | า | ม | ง | ศ | แ | ป | น |
| ไ | ธ | ม | ต | ช | ษ | อ | ร | ต | น | ษ | ว | อ | อ | ซ | ถ |

อาชีพ
ค่าใช้จ่าย
ส่วนลด
เงิน
เศรษฐศาสตร์
พนักงาน
นายจ้าง
บริษัท
โรงงาน
การเงิน
ภาษี
การลงทุน
สินค้า
เงินตรา
ออฟฟิศ
งบประมาณ
ร้าน
งาน
ธุรกรรม
ขาย

# 17 - Jardín

| | | | | | | | | | | | | | | | |
|---|---|---|---|---|---|---|---|---|---|---|---|---|---|---|---|
| ด | อ | ก | ไ | ม | ◌้ | ภ | ร | ญ | ฉ | ข | แ | ฝ | ญ | ซ | ร |
| ะ | ป | ส | ย | พ | ธ | บ | เ | ศ | ช | ร | แ | โ | ถ | ซ | ย |
| ด | ล | ข | ว | ย | อ | น | ◌ี | ล | พ | โ | ม | ร | ท | แ | บ |
| ร | ณ | ฉ | ◌้ | น | ภ | ◌ิ | ข | า | ◌ี | ก | ร | ง | ย | ร | ญ |
| ะ | ย | า | ◌ั | ะ | ผ | ด | ท | บ | ช | อ | ล | ร | น | ณ | ญ |
| เ | ซ | ฟ | ร | า | ง | ล | ซ | ย | ◌ั | ศ | ส | ถ | เ | ว | ก |
| บ | ข | ส | ว | น | ธ | ป | ไ | น | ว | ป | ค | ภ | บ | ฝ | ภ |
| ◌ี | ญ | ส | แ | ป | ว | ท | ช | ม | ะ | ะ | ไ | ฝ | ◌ุ | ก | เ |
| ย | ด | น | า | ◌้ | บ | น | า | ช | ◌้ | ต | ส | แ | ช | ภ | ท |
| ง | ด | า | ร | ค | า | ว | พ | ม | พ | ล | ◌ั | ◌่ | ว | ภ | ถ |
| ล | ไ | ม | ฉ | ม | น | ญ | ย | ◌้ | ต | ป | ถ | ง | บ | ธ | บ |
| น | ธ | ห | ค | พ | ะ | ล | บ | า | ต | ◌้ | ช | ย | ภ | ฉ | ◌่ |
| ส | ะ | ญ | ช | ไ | ผ | ป | ป | น | ข | ผ | น | อ | พ | ก | อ |
| อ | บ | ◌้ | ย | ย | อ | เ | ข | ◌ั | ป | ภ | น | ไ | แ | น | น |
| ซ | ศ | า | ห | ญ | ◌้ | า | อ | ◌่ | ท | ต | อ | ส | ม | ไ | ◌้ |
| ผ | ไ | ช | ก | ห | ส | ร | แ | ง | า | ษ | ญ | ธ | จ | ◌้ | ◌ำ |

บุช
ต้นไม้
ม้านั่ง
สนามหญ้า
บ่อน้ำ
ดอกไม้
โรงรถ
เปลญวน
หญ้า
สวนผลไม้
สวน
วัชพืช
ท่อ
พลั่ว
ระเบียง
คราด
ดิน
ชานบ้าน
แทรมโพลีน
รั้ว

# 18 - Países #2

| | | | | | | | | | | | | | | | |
|---|---|---|---|---|---|---|---|---|---|---|---|---|---|---|---|
| ฟ | ย | า | ษ | ซ | อ | โ | ป | ร | ต | ุ | เ | ก | ส | ภ | ไ |
| ผ | ู | พ | ถ | ย | ู | อ | เ | ม | ็ | ก | ซ | ิ | โ | ก | อ |
| ซ | ก | ซ | จ | ู | ฟ | ด | ส | จ | า | ไ | ม | ก | ้ | า | ร |
| ส | ั | ต | บ | เ | เ | ก | า | เ | ธ | พ | ย | ต | น | แ | ์ |
| ล | น | ป | ญ | ค | ว | ม | ฉ | น | ต | ง | ซ | ว | ป | ผ | แ |
| ล | ด | ก | ์ | ร | า | ม | น | ด | เ | ร | ี | แ | ุ | ห | ล |
| ย | า | ข | ฟ | น | ล | ค | แ | ย | ศ | ป | เ | จ | ่ | ผ | น |
| ป | า | ก | ี | ส | ถ | า | น | อ | า | ษ | ส | ล | ่ | ญ | ด |
| ี | ง | อ | อ | ภ | ธ | ห | แ | ไ | ล | ไ | ั | แ | ี | ไ | ์ |
| เ | ะ | ต | อ | ฝ | ภ | ก | ร | ี | ซ | เ | ร | ล | ญ | ย | ด |
| อ | บ | ว | ส | ป | ไ | ไ | ค | ม | า | พ | บ | า | ค | ฟ | ช |
| โ | ณ | ห | เ | ฝ | ร | ั | ่ | ง | เ | ศ | ส | เ | ค | อ | ส |
| ิ | ห | ไ | ต | ส | ฉ | ซ | ล | ไ | ว | ธ | ต | บ | น | ศ | ช |
| ธ | ห | จ | ร | ว | น | เ | แ | ญ | จ | ร | า | อ | ฝ | ี | ด |
| อ | ย | ซ | ี | เ | น | ี | ด | โ | น | ิ | อ | ธ | จ | จ | ย |
| เ | ป | ถ | ย | ร | ี | เ | ี | ซ | ภ | ม | ช | ด | ช | ง | ช |

แอลเบเนีย
ออสเตรเลีย
ออสเตรีย
เดนมาร์ก
เอธิโอเปีย
ฝรั่งเศส
กรีซ
อินโดนีเซีย
ไอร์แลนด์
จาไมก้า
ญี่ปุ่น
ลาว
เม็กซิโก
ปากีสถาน
โปรตุเกส
รัสเซีย
ซีเรีย
ซูดาน
ยูเครน
ยูกันดา

# 19 - Tecnología

| | | | | | | | | | | | | | | | |
|---|---|---|---|---|---|---|---|---|---|---|---|---|---|---|---|
| ก | ก | ง | า | ท | ล | ว | ย | ร | ช | ซ | ส | ง | แ | ฝ | ป |
| ข | ล | า | บ | ธ | า | ไ | ◌ั | ก | ษ | อ | จ | า | ◌้ | น | ห |
| ◌้ | ท | ◌้ | พ | ภ | า | ใ | ภ | พ | ร | ฟ | ค | ก | ษ | ว | ห |
| อ | ◌ั | ไ | อ | ค | ฟ | ป | ด | ง | ผ | ต | ป | ง | ท | ะ | ก |
| ค | จ | ว | เ | ง | ร | ◌์ | อ | ซ | เ | ◌์ | ว | า | ร | บ | เ |
| ว | ◌ิ | ร | ศ | พ | ษ | ซ | ล | ศ | ฉ | แ | พ | พ | ก | แ | เ |
| า | ◌ิ | ◌ั | ข | ษ | า | ล | ป | ญ | ผ | ว | ะ | น | อ | บ | ร |
| ม | ด | ส | ร | ธ | เ | ห | ม | ว | ธ | ร | ร | ก | ฟ | บ | ร |
| ศ | ซ | ษ | ต | เ | ภ | ฟ | า | ต | ด | ◌์ | า | ล | แ | อ | ส |
| ว | ◌ิ | จ | ◌ั | ย | บ | ภ | ว | บ | ล | ◌็ | อ | ก | ร | ◌ั | ญ |
| ข | เ | ฟ | ฟ | ท | ต | ค | ค | ท | ณ | ไ | บ | ต | ◌์ | ก | ส |
| ป | ◌้ | ส | ค | อ | ม | พ | ◌ิ | ว | เ | ต | อ | ร | ◌์ | ษ | ถ |
| ต | ต | อ | ม | เ | ค | อ | ร | ◌์ | เ | ซ | อ | ร | ◌์ | ร | ◌ิ |
| ะ | บ | ศ | ม | ◌ี | ฟ | ภ | ช | ห | ช | า | ธ | ไ | ค | า | ต |
| ญ | อ | ภ | ร | ◌ู | อ | ผ | ห | ว | ว | อ | ไ | ฟ | ล | ◌์ | ◌ิ |
| ท | ม | า | เ | อ | ล | น | พ | ซ | ะ | ช | า | ะ | เ | ก | ผ |

ไฟล์
บล็อก
ไบต์
กล้อง
เคอร์เซอร์
ข้อมูล
ดิจิทัล
สถิติ
แบบอักษร
วิจัย
ข้อความ
เบราว์เซอร์
คอมพิวเตอร์
หน้าจอ
ความปลอดภัย
ซอฟต์แวร์
เสมือน
ไวรัส

# 20 - Números

| | | | | | | | | | | | | | | | |
|---|---|---|---|---|---|---|---|---|---|---|---|---|---|---|---|
| ญ | ก | ส | ◌ี | ◌่ | บ | ◌ิ | ส | ส | อ | ห | ฉ | เ | ม | ไ | ส |
| ะ | ผ | ◌ิ | ร | ม | ◌ี | พ | ร | ◌ิ | ส | า | ป | ซ | ย | ฟ | ◌ิ |
| ห | ไ | บ | ด | ส | ย | ส | น | บ | ธ | ช | ฝ | แ | ล | ศ | บ |
| ล | เ | ห | ฉ | ต | อ | ฟ | อ | ส | แ | อ | ณ | า | ว | า | แ |
| ม | ด | ก | ค | ท | ผ | ห | ฉ | อ | า | ะ | า | ร | ฝ | ฉ | ป |
| อ | ถ | เ | ซ | ข | ด | ฝ | พ | ง | ผ | ท | ป | ร | ห | ก | ด |
| ญ | อ | ฉ | ว | ส | จ | ถ | ป | อ | ง | ว | ภ | ไ | ศ | ภ | ป |
| ค | ว | ค | ถ | ณ | ช | ม | ท | ส | ท | ษ | ญ | ม | ศ | ย | แ |
| ศ | ป | ภ | ศ | ด | จ | ◌็ | เ | บ | ◌ิ | ส | เ | ห | ศ | ะ | ย |
| ธ | ◌ู | ษ | ฝ | ◌็ | ส | ม | า | ส | บ | ◌ิ | ส | ซ | ส | ย | ป |
| ผ | ไ | น | ม | จ | า | ห | ◌้ | บ | ◌ิ | ส | ห | อ | ไ | ◌ี | ญ |
| ไ | ฟ | ว | ย | เ | ม | แ | ห | ว | อ | ธ | ส | ญ | ค | ◌่ | ย |
| ศ | ภ | ธ | ◌ิ | ◌์ | ก | ธ | ถ | ม | ศ | ฉ | ก | ช | ข | ส | ข |
| ล | า | ด | น | อ | ญ | ◌้ | ษ | ถ | ฟ | ไ | ซ | ว | ร | ◌ิ | ล |
| ส | ◌ิ | บ | ศ | แ | า | บ | า | ก | ◌้ | เ | บ | ◌ิ | ส | บ | ภ |
| ต | ฝ | ผ | ท | ช | ป | ญ | ย | ว | ป | ค | ษ | ไ | ท | ไ | ร |

สิบสี่
ศูนย์
ห้า
สี่
ทศนิยม
สิบเก้า
สิบแปด
สิบหก
สิบเจ็ด
สิบ
สิบสอง
สอง
เก้า
แปด
สิบห้า
หก
เจ็ด
สิบสาม
สาม
ยี่สิบ

# 21 - Física

| | | | | | | | | | | | | | | | |
|---|---|---|---|---|---|---|---|---|---|---|---|---|---|---|---|
| ค | แ | น | อ | ร | ต | ก | ล | ็ | เ | ิ | อ | ผ | ด | ล | ว |
| เ | ธ | ม | ะ | ร | ์ | ย | ล | ี | ค | เ | ว | ิ | น | ค | ณ |
| ค | ค | ธ | ่ | น | ล | ช | ธ | ข | ร | ป | ็ | ล | ก | า | ส |
| ว | ช | ม | ร | เ | ธ | ณ | ม | ก | ี | า | ร | ุ | ด | ภ | ู |
| า | ษ | ร | ี | ภ | ห | ภ | ว | ภ | ่ | ฟ | เ | ก | ฝ | ุ | ต |
| ม | ก | เ | ษ | บ | ศ | ล | ล | แ | อ | ซ | ม | ล | ข | น | ร |
| ห | ห | ล | ย | ด | พ | เ | ็ | ฉ | ง | ท | า | เ | เ | อ | ป |
| น | ไ | ภ | ศ | แ | ฉ | ไ | ช | ก | ย | ล | ว | ม | ธ | า | แ |
| า | ภ | น | ท | า | ณ | ย | ษ | ไ | น | ล | ค | โ | ห | ย | ว |
| แ | ษ | ไ | ภ | ท | ส | ฉ | ม | อ | ต | ะ | อ | น | พ | ฉ | ั |
| น | ท | ฝ | น | ฟ | ๊ | ต | ศ | ซ | ์ | ไ | ข | ธ | ว | ษ | ต |
| ่ | ณ | ว | ไ | ษ | ก | ส | ร | ค | ว | า | ม | ถ | ี | ่ | ษ |
| น | ฟ | ะ | ถ | อ | แ | ไ | ฟ | ์ | น | ซ | า | ด | ด | ญ | ง |
| ค | ว | า | ม | ว | ุ | ่ | น | ว | า | ย | ซ | ถ | เ | ณ | ณ |
| ด | แ | ร | ง | โ | น | ้ | ม | ถ | ่ | ว | ง | ธ | ฟ | ญ | เ |
| ส | ั | ม | พ | ั | ท | ธ | ภ | า | พ | ศ | ม | ษ | อ | ย | จ |

อะตอม
ความวุ่นวาย
ความหนาแน่น
อิเล็กตรอน
สูตร
ความถี่
แก๊ส
แรงโน้มถ่วง
แม่เหล็ก
มวล
กลศาสตร์
โมเลกุล
เครื่องยนต์
นิวเคลียร์
อนุภาค
เคมี
สัมพัทธภาพ
สากล
ตัวแปร
ความเร็ว

# 22 - Belleza

| | | | | | | | | | | | | | | | |
|---|---|---|---|---|---|---|---|---|---|---|---|---|---|---|---|
| ร | ณ | ต | ธ | ◌ู | พ | ม | ช | แ | ส | ต | ท | น | เ | ก | ณ |
| ส | เ | จ | ข | ส | ย | ช | า | ร | า | แ | เ | ป | พ | ล | ะ |
| ถ | ◌ี | ษ | ไ | ง | ป | ต | ◌์ | ส | ◌ิ | ล | ต | ไ | ส | ◌ิ | ล |
| ◌่ | ธ | ว | ศ | ◌่ | ช | เ | ฝ | ภ | ค | ถ | ะ | ฉ | เ | ◌่ | ◌ิ |
| า | ย | ว | ง | า | ก | ศ | ค | ว | ก | า | ท | ส | ษ | น | ป |
| ย | น | ◌้ | ◌ำ | ม | ◌ั | น | ท | า | ร | ณ | ร | บ | า | ห | ส |
| ร | ◌่ | ป | น | า | ง | ฉ | ฝ | ส | ณ | จ | ส | ◌่ | ม | อ | ต |
| ◌ุ | ◌ิ | ธ | ย | ถ | ส | บ | ผ | ย | ท | ษ | ณ | ง | า | ม | ◌ิ |
| ป | ล | ษ | ข | น | บ | ม | ผ | เ | จ | แ | ะ | า | ง | ย | ก |
| ล | ก | ต | ว | ภ | จ | บ | ด | ผ | ร | ล | ด | ข | ด | ต | จ |
| บ | ไ | ก | ก | ษ | ด | ภ | ง | ะ | ร | ผ | ◌ิ | ว | ง | ศ | ะ |
| ษ | ร | ก | ไ | ร | ร | ก | ธ | ท | ะ | แ | า | ฉ | ม | ญ | ร |
| ผ | ผ | ◌ิ | เ | ก | ร | ซ | ธ | เ | จ | เ | ม | ถ | า | ผ | ก |
| ร | ซ | แ | ก | ◌ิ | ย | ห | ◌์ | ◌่ | น | ส | เ | ศ | ว | ไ | ะ |
| ฝ | ซ | ด | ง | า | อ | ◌ำ | ส | ง | อ | ◌่ | ◌ื | ร | ค | เ | เ |
| น | ท | ค | ม | ช | ร | แ | ต | ◌่ | ง | ห | น | ◌้ | า | น | ก |

น้ำมัน
กลิ่น
แชมพู
สี
เครื่องสำอาง
ความงดงาม
สง่า
เสน่ห์
กระจก
สไตลิสต์
ถ่ายรูป
กลิ่นหอม
เกรซ
แต่งหน้า
ผิว
ลิปสติก
หยิก
มาสคาร่า
บริการ
กรรไกร

# 23 - Países #1

| | | | | | | | | | | | | | | | |
|---|---|---|---|---|---|---|---|---|---|---|---|---|---|---|---|
| อ | อ | เ | อ | ก | ว | า | ด | อ | ร | ◌์ | ศ | ฝ | ท | ไ | ธ |
| ว | ฮ | า | ฟ | ◌ิ | ล | ◌ิ | ป | ป | ◌ิ | น | ส | ◌์ | ถ | ง | ษ |
| น | อ | ม | ร | ต | ด | ว | ด | ล | ถ | ม | า | ล | ◌ี | ด | ฉ |
| ◌ิ | น | า | อ | ◌์ | ด | น | ล | แ | ป | โ | ไ | ข | ล | ฉ | ท |
| ก | ด | น | ◌ิ | ป | เ | ก | บ | ณ | ส | ไ | ล | ไ | ◌ี | ไ | า |
| า | ◌ู | า | น | ย | ป | จ | ธ | แ | เ | ล | ◌ิ | ซ | า | ร | บ |
| ร | ร | ป | เ | ◌ิ | ต | ถ | น | ไ | ป | ย | เ | ธ | ต | จ | เ |
| า | ◌ั | ซ | ด | ◌ี | ษ | ไ | เ | ต | น | จ | บ | ถ | ◌ิ | เ | ว |
| ก | ส | ธ | ◌ี | อ | ช | ธ | ต | ย | ◌ิ | ด | ◌ี | ช | อ | บ | เ |
| ◌ั | ณ | จ | ย | ผ | ต | น | ธ | ◌์ | อ | น | ย | จ | อ | ล | น |
| ว | ด | ศ | ญ | ธ | แ | เ | ศ | ว | เ | ร | า | พ | า | เ | ซ |
| ญ | ค | ษ | ถ | พ | พ | ะ | ห | เ | ช | ฉ | ม | ก | ญ | ย | ◌ุ |
| ห | ค | ไ | จ | อ | ค | า | ด | ◌์ | ค | ย | ข | น | ซ | ◌ี | เ |
| ฝ | พ | ฝ | ะ | ท | ฟ | ง | ะ | ร | ป | ผ | ว | ไ | ◌ี | ย | อ |
| ร | อ | ศ | จ | พ | ค | โ | ค | อ | ◌็ | ร | ม | โ | ฝ | ม | ล |
| ค | ป | อ | ษ | ต | ะ | ค | ม | น | แ | ค | น | า | ด | า | า |

เยอรมนี
อาร์เจนตินา
เบลเยียม
บราซิล
แคนาดา
เอกวาดอร์
อียิปต์
สเปน
ฟิลิปปินส์
ฮอนดูรัส

อินเดีย
อิตาลี
ลิเบีย
มาลี
โมร็อคโค
นิการากัว
นอร์เวย์
ปานามา
โปแลนด์
เวเนซุเอลา

# 24 - Mitología

| | | | | | | | | | | | | | | | |
|---|---|---|---|---|---|---|---|---|---|---|---|---|---|---|---|
| แ | ส | ช | เ | ต | ต | ศ | ษ | ย | แ | อ | ย | ซ | พ | ญ | ค |
| ก | ฉ | ◌ั | ล | ก | ม | ฝ | ช | แ | ต | ◌่ | ไ | เ | ภ | ไ | ว |
| ◌้ | ห | ภ | ต | ง | ไ | ฟ | ค | ร | ไ | ◌ี | ไ | ส | ข | น | า |
| แ | ไ | ร | ซ | ว | ข | ฟ | ล | จ | ว | ช | ก | แ | ไ | ป | ม |
| ค | ต | ง | เ | า | ◌์ | ซ | ญ | ด | ด | เ | เ | ป | ฟ | ะ | ห |
| ◌้ | แ | ไ | ง | ข | ด | ป | ภ | ซ | เ | ม | า | ค | บ | อ | ◌ื |
| น | ร | ฟ | ค | เ | ไ | ว | ร | ฟ | ◌้ | า | ร | ◌้ | อ | ง | ง |
| พ | ฤ | ต | ◌ิ | ก | ร | ร | ม | ะ | ส | ว | ผ | ศ | จ | ร | ห |
| ง | ข | ธ | น | า | น | ◌ำ | ต | ะ | ห | ค | เ | ◌่ | ล | แ | ว |
| ถ | ญ | ภ | ◌ั | ป | ะ | น | แ | อ | ต | ล | ร | า | า | แ | ง |
| ส | ธ | ย | ก | ผ | ต | า | ฟ | ม | ◌้ | ไ | า | ผ | ท | ◌้ | ร |
| แ | ว | ศ | ร | ◌่ | โ | ◌ี | ฮ | ต | น | ม | ล | ด | ป | เ | ฟ |
| ช | ค | ร | บ | ย | า | แ | ษ | ภ | แ | ห | น | จ | ฝ | ถ | ม |
| ง | า | ◌้ | ร | ส | ร | า | ก | า | บ | อ | ต | เ | ก | ไ | ก |
| ถ | ญ | ะ | ห | ค | ะ | ศ | ด | พ | บ | น | อ | ป | ซ | ป | ช |
| ซ | ธ | ถ | ท | ธ | ◌์ | ภ | ◌ั | ย | พ | ◌ิ | บ | ◌ั | ต | ◌ิ | ท |

ต้นแบบ
ความหึงหวง
สวรรค์
พฤติกรรม
การสร้าง
ความเชื่อ
ภัยพิบัติ
แรง
นักรบ
ฮีโร่
อมตภาพ
เขาวงกต
ตำนาน
สัตว์ประหลาด
ยแร
ฟ้าผ่า
ฟ้าร้อง
แก้แค้น

# 25 - Ecología

| | | | | | | | | | | | | | | | |
|---|---|---|---|---|---|---|---|---|---|---|---|---|---|---|---|
| ณ | พ | ถ | ด | บ | ภ | ย | ป | ศ | น | ด | ร | เ | ธ | ย | ท |
| ค | ก | ฉ | า | ง | ะ | ◌ู | ◌ั | ไ | พ | ต | ไ | ก | ร | ล | ◌ั |
| เ | แ | ล | ◌้ | ง | ะ | ช | เ | ◌่ | แ | ท | ไ | ณ | ร | บ | ◌่ |
| ค | ป | ท | บ | ร | ธ | จ | ต | ข | ง | ◌ึ | บ | ฝ | ม | ฉ | ว |
| ว | ส | ◌็ | ม | ง | ธ | ณ | ศ | จ | า | ย | เ | ถ | ช | ภ | โ |
| า | า | ก | น | เ | ไ | ซ | า | เ | เ | ป | ◌ี | ภ | า | ก | ล |
| ม | ย | ม | ภ | ธ | ง | ญ | ก | ท | ะ | เ | ล | น | ต | า | ก |
| ห | พ | ญ | จ | ณ | ร | ษ | า | บ | ฝ | ษ | ไ | ร | ◌ิ | ร | ช |
| ล | ◌ั | จ | ไ | ไ | า | ร | อ | ล | ฟ | ฉ | ฉ | ส | ท | อ | ◌ุ |
| า | น | ท | ต | ญ | ธ | ป | ม | เ | ง | ม | ซ | ผ | ร | ย | ม |
| ก | ธ | ด | ข | ซ | ถ | ท | ◌ิ | ช | ฉ | ศ | เ | ต | ◌ั | ◌ู | ช |
| ห | ◌ุ | ธ | จ | า | ซ | เ | ◌ู | ผ | า | พ | ◌ี | ช | พ | ◌่ | น |
| ล | ◌์ | ส | ผ | ถ | ธ | อ | ภ | ธ | ล | ต | ฝ | บ | ย | ร | ผ |
| า | ป | ◌่ | ว | ◌์ | ต | ◌ั | ส | ง | ง | พ | ◌ิ | จ | า | อ | ผ |
| ย | อ | า | ส | า | ส | ม | ◌ั | ค | ร | ผ | ณ | ผ | ก | ด | ร |
| ท | ◌ี | ◌่ | อ | ย | ◌ู | ◌่ | อ | า | ศ | ◌ั | ย | ร | ร | ฟ | ข |

ภูมิอากาศ
ชุมชน
ความหลากหลาย
สายพันธุ์
สัตว์ป่า
ฟลอรา
ทั่วโลก
ที่อยู่อาศัย
ทะเล
ภูเขา
เป็นธรรมชาติ
ธรรมชาติ
บึง
ทรัพยากร
แล้ง
ยั่งยืน
การอยู่รอด
พืช
อาสาสมัคร

# 26 - Casa

| | | | | | | | | | | | | | | | |
|---|---|---|---|---|---|---|---|---|---|---|---|---|---|---|---|
| ไ | ญ | ก | ร | ไ | ถ | ช | พ | ซ | ไ | ถ | โ | ค | ม | ไ | ฟ |
| ญ | ต | ป | ก | ม | ล | ม | ง | อ | ส | ว | น | ป | จ | ช | ฟ |
| ห | ธ | ย | ะ | ◌้ | เ | ค | ย | ญ | ร | ก | อ | ◌๊ | ก | ว | ะ |
| น | ว | ไ | ร | ก | บ | ล | ะ | ว | ด | เ | จ | ย | ย | ภ | บ |
| ไ | ร | ญ | ซ | ว | บ | ข | า | บ | บ | ณ | ก | ะ | ส | ะ | ช |
| ภ | ข | พ | ง | า | ต | ◌่ | า | ◌้ | น | ห | พ | พ | ร | ม | ◌ั |
| พ | ◌ื | ◌้ | น | ด | ข | ต | พ | ไ | ว | ฟ | ว | จ | ส | ก | ◌้ |
| ห | ล | ห | ◌้ | อ | ง | ไ | ต | ◌้ | ห | ล | ◌ั | ง | ค | า | น |
| ข | ค | ย | ล | ศ | ห | ห | ร | พ | ร | ถ | ร | ง | ร | โ | ไ |
| อ | า | บ | น | ◌้ | ◌ำ | ◌้ | ด | พ | ฝ | ห | ค | ข | ห | ถ | ต |
| ห | ล | ◌ั | ง | ค | า | ะ | อ | ย | ร | า | ถ | ค | ◌้ | ธ | ◌้ |
| จ | ไ | ร | ◌ิ | ป | ธ | ไ | จ | ง | า | ฉ | ะ | ษ | อ | ค | ด |
| บ | ถ | ค | ผ | ถ | ภ | ว | ร | บ | ส | ธ | ท | ห | ง | ธ | ◌ิ |
| เ | ส | ค | า | น | บ | ง | ห | ◌ั | เ | ม | ล | เ | น | ไ | น |
| แ | จ | ◌ู | ต | ะ | ร | ป | น | เ | ◌้ | ธ | ◌ุ | เ | อ | ย | ฟ |
| ฟ | ไ | ถ | เ | ฟ | ะ | ผ | น | ◌ั | ง | ว | ธ | ด | น | พ | จ |

พรม
ห้องใต้หลังคา
ห้องสมุด
เตาผิง
ครัว
ห้องนอน
อาบน้ำ
ไม้กวาด
กระจก
โรงรถ
ก๊อก
สวน
โคมไฟ
ผนัง
พื้น
ประตู
ชั้นใต้ดิน
หลังคา
รั้ว
หน้าต่าง

# 27 - Salud y Bienestar #2

| | | | | | | | | | | | | | | | |
|---|---|---|---|---|---|---|---|---|---|---|---|---|---|---|---|
| เ | ะ | ท | ก | แ | แ | ป | ฉ | น | ส | า | น | ย | บ | ห | โ |
| ว | น | อ | ย | ค | ร | โ | ต | ฝ | ย | ก | ว | ช | อ | ซ | ร |
| ร | ด | อ | ◌ี | ล | เ | ญ | ซ | อ | ศ | แ | ด | ง | ป | ย | ง |
| ค | ณ | ป | ภ | อ | ช | ◌ี | ◌้ | เ | ด | ◌ิ | ต | ร | า | ก | พ |
| ว | ล | ช | ง | ร | ◌์ | ต | ส | า | ศ | ธ | ◌ุ | น | ◌ั | พ | ย |
| า | ช | จ | ไ | ◌ี | ก | า | ร | ค | า | ย | น | ◌้ | ◌ำ | ญ | า |
| ม | แ | ไ | ว | ◌่ | ว | ◌ิ | ต | า | ม | ◌ิ | น | เ | ญ | ฟ | บ |
| ก | ส | ข | ป | ไ | ม | บ | ศ | ป | ญ | ล | ท | เ | ณ | ง | า |
| ร | ◌ุ | ภ | ◌็ | ณ | ไ | ฉ | อ | ร | ท | แ | ก | ฝ | พ | ธ | ล |
| ะ | ข | ◌ู | ะ | ง | โ | ภ | ช | น | า | ก | า | ร | ซ | ว | ไ |
| ห | อ | ม | ส | อ | แ | ญ | ส | บ | ไ | ก | ท | ป | ไ | จ | ส |
| า | น | ◌ิ | ะ | ท | า | ร | ก | า | ร | ก | ◌ู | ◌้ | ค | ◌ี | น |
| ย | า | แ | ก | ฟ | ง | ห | ง | น | ◌้ | ◌ำ | ห | น | ◌ั | ก | ป |
| ฉ | ม | พ | ธ | ฉ | ส | น | า | ง | ง | ◌ั | ล | พ | พ | ถ | ฟ |
| จ | ◌ั | ◌้ | ม | ฉ | ส | ว | ฉ | ร | ก | า | ร | ย | ◌่ | อ | ย |
| ด | ย | ◌ี | ร | ค | เ | ม | า | ว | ค | น | ว | ญ | ย | ท | ส |

ภูมิแพ้
ความกระหาย
แคลอรี่
การคายน้ำ
อาหาร
การย่อย
พลังงาน
โรค
ความเครียด
พันธุศาสตร์
สุขอนามัย
โรงพยาบาล
การติดเชื้อ
นวด
โภชนาการ
น้ำหนัก
การกู้คืน
แข็งแรง
เลือด
วิตามิน

# 28 - Colores

| | | | | | | | | | | | | | | | |
|---|---|---|---|---|---|---|---|---|---|---|---|---|---|---|---|
| ไ | ข | ก | จ | เ | ว | เ | ข | ฝ | ห | ส | ช | ฉ | า | ฝ | ศ |
| ล | พ | บ | บ | ะ | ฝ | ฉ | า | ซ | ฉ | ◌ี | เ | ม | ย | ธ | ร |
| ส | ฟ | ◌ู | เ | ช | ◌ี | ย | ว | ช | ไ | เ | ท | ◌้ | พ | ท | ด |
| า | ◌ี | ช | ม | ส | ◌ี | ม | ◌่ | ว | ง | ห | า | ส | จ | ◌ู | ย |
| ะ | ผ | น | ข | ก | ล | ศ | ข | ฟ | ง | ล | ฟ | ศ | ย | พ | ซ |
| น | ษ | า | ◌้ | ป | ป | ผ | แ | ณ | ฝ | ◌ี | ◌้ | ษ | ต | ด | เ |
| น | ง | ◌ิ | เ | ◌ำ | น | ◌้ | ◌ี | ส | ไ | อ | ◌ี | ท | ป | พ | ข |
| จ | ด | ข | ง | จ | ต | แ | ไ | พ | ข | ง | ส | ด | อ | น | ◌ี |
| อ | แ | า | ด | ว | ด | า | ช | น | ห | บ | ะ | ม | น | น | ย |
| ข | ง | ถ | แ | บ | ม | า | ล | จ | น | ฝ | ว | ณ | อ | ป | ว |
| ป | ว | ไ | ◌ี | ไ | ข | ศ | ภ | ซ | เ | ถ | ฟ | ไ | ล | ไ | ต |
| พ | ม | ญ | ส | ส | ◌ี | ด | ◌ำ | แ | ◌ี | บ | แ | พ | ม | อ | ษ |
| ก | ◌่ | ท | ศ | ษ | ล | ส | ศ | จ | ะ | เ | ศ | ญ | อ | ว | ธ |
| บ | ◌ี | ท | อ | ป | ไ | ผ | ส | พ | เ | ไ | ป | ด | ภ | ค | ป |
| ย | ส | ล | น | า | ฟ | ค | ร | า | ม | ศ | ช | ◌ี | แ | ค | พ |
| แ | ด | ง | า | บ | ง | ะ | ม | ธ | ณ | ม | ค | ญ | ย | ศ | า |

สีเหลือง
สีน้ำเงิน
สีฟ้า
เบจ
ขาว
สีแดงเข้ม
ฟูเชีย
เทา
คราม
สีม่วงแดง
สีน้ำตาล
ส้ม
สีดำ
สีม่วง
แดง
ชมพู
ซีเปีย
เขียว

# 29 - Adjetivos #1

| | | | | | | | | | | | | | | | |
|---|---|---|---|---|---|---|---|---|---|---|---|---|---|---|---|
| ส | ม | ภ | ใ | ณ | ม | ◌่ | ม | ห | ใ | ก | ล | ป | แ | ก | ถ |
| น | ◌ำ | ◌ี | ฟ | แ | ร | ห | ◌์ | น | ◌่ | ส | เ | ◌ี | ม | ฝ | ะ |
| ษ | ม | ค | ค | ไ | ณ | พ | ญ | ◌ุ | ถ | ง | ด | น | จ | ไ | แ |
| ผ | ข | ห | ◌ั | ◌่ | ห | ผ | ษ | ◌่ | ญ | ห | ใ | พ | เ | ต | ท |
| ใ | เ | ษ | า | ญ | า | อ | ย | ม | ◌ั | ส | น | ◌ั | ท | ห | ะ |
| ท | ล | ณ | ◌์ | ร | ◌ู | บ | ม | ส | ณ | ไ | ม | ค | ว | น | เ |
| อ | ผ | บ | า | ฟ | พ | ม | ป | า | ◌้ | ช | ด | ม | จ | ◌ั | ย |
| ส | ว | ◌่ | า | ง | ไ | ค | อ | ว | ว | ร | ย | ◌ี | ร | ก | อ |
| ผ | ◌ู | ◌้ | บ | ร | ◌ิ | ส | ◌ุ | ท | ธ | ◌ิ | ◌์ | ด | ◌ิ | ห | ท |
| ค | ล | ◌่ | อ | ง | แ | ค | ล | ◌่ | ว | ฝ | ต | จ | ง | แ | ะ |
| อ | แ | อ | ต | แ | ล | ง | ไ | ม | พ | เ | ส | ข | จ | น | ย |
| ภ | ฝ | ย | ค | ใ | ข | ต | ห | า | ค | จ | ◌ั | พ | ◌ั | ◌่ | า |
| ว | ข | ถ | ศ | ไ | า | ง | ส | ร | ฉ | ข | อ | ห | ง | น | น |
| ฟ | ม | ซ | ฝ | ข | ต | บ | ธ | ไ | ภ | ร | ◌่ | ข | ใ | อ | เ |
| ห | ใ | ข | อ | ะ | ง | ร | ด | ญ | ถ | ฟ | ◌ี | ฟ | ธ | น | ช |
| ท | ใ | จ | ก | ว | ◌้ | า | ง | บ | ส | ษ | ซ | ะ | ภ | อ | ส |

แน่นอน
คล่องแคล่ว
ทะเยอทะยาน
หอม
มีเสน่ห์
สว่าง
แปลกใหม่
ใจกว้าง
ใหญ่
ซื่อสัตย์
สำคัญ
ผู้บริสุทธิ์
หนุ่มสาว
ช้า
ทันสมัย
มืด
สมบูรณ์
หนัก
จริงจัง
มีค่า

# 30 - Familia

| | | | | | | | | | | | | | | | |
|---|---|---|---|---|---|---|---|---|---|---|---|---|---|---|---|
| ล | ไ | น | ต | ภ | ญ | ว | ห | ณ | เ | ต | ฉ | ะ | ล | ไ | ค |
| บ | ป | ◌้ | ล | ไ | ฟ | ◌ั | แ | ล | ะ | ว | ภ | ป | ล | ท | ต |
| ว | น | อ | ◌่ | พ | ช | ย | ห | ผ | า | ไ | แ | ต | ป | ก | ม |
| ช | บ | ง | ป | ศ | ถ | เ | ณ | จ | อ | น | เ | ล | ◌้ | ภ | ฉ |
| ซ | ไ | ช | ฉ | ◌ู | ะ | ด | อ | ณ | ภ | อ | บ | ศ | า | จ | ป |
| ว | ต | า | ญ | ถ | ◌่ | ◌็ | ญ | ร | ช | ท | ผ | บ | ร | ข | ฟ |
| ศ | ข | ย | ช | ท | น | ก | บ | ร | ร | พ | บ | ◌ุ | ร | ◌ุ | ษ |
| ห | ล | า | น | ช | า | ย | ณ | ว | ธ | ช | ไ | า | ษ | ห | ม |
| ส | น | ง | อ | ภ | ว | ม | า | ผ | า | ะ | ถ | ญ | ป | จ | า |
| า | ◌้ | ท | ท | ค | ไ | ง | ป | ว | ส | ส | อ | ห | ห | ศ | ร |
| ม | อ | ล | ◌ู | ก | พ | ◌ี | ◌่ | ล | ◌ู | ก | น | ◌้ | อ | ง | ด |
| ◌ี | ง | ฝ | ะ | ญ | ท | ส | ม | ร | อ | ณ | ค | า | ค | ◌ุ | า |
| ภ | ส | า | ผ | บ | เ | ง | แ | ห | ภ | ท | ล | ษ | ล | ล | ซ |
| ว | า | แ | ล | ฟ | ด | ภ | ร | ร | ย | า | ย | า | ย | ห | ก |
| ไ | ว | ฝ | ะ | ท | ◌็ | พ | ล | ษ | น | ย | เ | ศ | ซ | ผ | ง |
| ช | เ | ด | บ | ซ | ก | ห | จ | ล | ◌ู | ก | ส | า | ว | ฉ | ฟ |

ยาย
ปู่
บรรพบุรุษ
ภรรยา
ฝาแฝด
น้องสาว
น้องชาย
ลูกสาว
วัยเด็ก
แม่
สามี
มารดา
หลาน
เด็ก
พ่อ
ลูกพี่ลูกน้อง
หลานสาว
หลานชาย
ป้า
ลุง

# 31 - Disciplinas Científicas

| ฝ | ผ | จ | อ | ก | ต | ห | ไ | ท | ซ | ย | ค | ก | ห | โ | ใ |
|---|---|---|---|---|---|---|---|---|---|---|---|---|---|---|---|
| ฝ | ์ | ิ | ม | ฉ | ร | บ | ุ | แ | อ | ฉ | ต | ใ | ส | บ | ภ |
| ์ | ร | ต | ส | า | ศ | ล | ก | ่ | ย | ญ | ส | ง | ซ | ร | ช |
| ร | ต | ว | น | เ | ค | ม | ี | ห | น | ภ | ธ | ท | ถ | า | น |
| ต | ส | ิ | ง | ิ | ธ | ซ | ม | ป | ร | ย | ณ | น | ธ | ณ | า |
| ส | า | ท | ต | ม | เ | ธ | แ | ถ | ส | ผ | น | ท | จ | ค | ก |
| า | ศ | ย | า | ย | ท | ว | ิ | ี | ณ | ร | ธ | ต | ส | ด | า |
| ศ | ษ | า | ะ | ช | ก | ษ | ศ | ซ | ษ | ม | ห | พ | ์ | ี | ร |
| า | ก | ย | แ | ง | า | ธ | ป | ว | ช | ี | ว | เ | ค | ม | ี |
| ร | ฤ | ท | ร | ถ | ศ | แ | แ | พ | ิ | ธ | ถ | จ | ศ | ย | ท |
| า | พ | ว | ่ | ค | ล | ย | ฟ | ฉ | ผ | ท | ไ | ข | ถ | ว | พ |
| ด | บ | ิ | ว | ป | ซ | ก | ฝ | ร | ม | น | ย | ม | ผ | ต | ณ |
| ต | ผ | ร | ิ | ช | ี | ว | ว | ิ | ท | ย | า | า | ท | ล | ร |
| ท | ส | ี | ท | ป | ร | ะ | ส | า | ท | ว | ิ | ท | ย | า | ท |
| ศ | ซ | ร | ย | ส | ั | ง | ค | ม | ว | ิ | ท | ย | า | ถ | ย |
| ไ | ป | ส | า | ย | ท | ว | ิ | ม | ย | น | ิ | ต | ุ | ุ | อ |

| | |
|---|---|
| โบราณคดี | อุตุนิยมวิทยา |
| ดาราศาสตร์ | แร่วิทยา |
| ชีววิทยา | ประสาทวิทยา |
| ชีวเคมี | โภชนาการ |
| พฤกษศาสตร์ | จิตวิทยา |
| นิเวศวิทยา | เคมี |
| สรีรวิทยา | หุ่นยนต์ |
| ธรณีวิทยา | สังคมวิทยา |
| กลศาสตร์ | |

# 32 - Cocina

| | | | | | | | | | | | | | | | |
|---|---|---|---|---|---|---|---|---|---|---|---|---|---|---|---|
| ต | เ | ษ | ป | ท | ภ | ส | ม | ก | ไ | ง | ม | แ | ว | จ | ะ |
| ธ | ะ | ท | ผ | ฝ | ◌ั | ฝ | ผ | จ | อ | บ | ฟ | ท | ภ | ฟ | ท |
| ไ | ผ | เ | ฉ | บ | ร | พ | ว | ฝ | ล | ด | ฉ | ษ | ข | ง | ม |
| ก | ◌้ | ไ | ก | ด | ง | ศ | พ | ค | ฝ | บ | เ | อ | ไ | ศ | ฝ |
| า | า | เ | า | ◌ี | น | ◌ิ | ก | ◌ี | ภ | ก | ล | า | ไ | ก | อ |
| ต | ก | ค | ป | ม | ย | ช | น | ใ | ก | น | ล | ห | จ | ก | บ |
| ◌้ | ◌ั | ร | ต | ผ | ◌็ | บ | เ | ต | า | อ | บ | า | น | ใ | ณ |
| ม | น | ◌ี | ะ | ◌้ | เ | ค | ภ | ง | ป | อ | ด | ร | แ | ฉ | ถ |
| น | เ | ◌่ | ถ | า | ◌้ | ญ | ส | ถ | ส | ต | ส | ช | า | ม | ห |
| ◌้ | ป | อ | ◌้ | เ | ◌ู | ข | ด | ใ | ถ | ฟ | อ | ง | น | ◌้ | ◌ำ |
| ◌ำ | ◌ี | ง | ว | ช | ต | เ | ห | ย | ◌ี | อ | ก | า | ผ | ญ | ข |
| ช | ◌้ | เ | ย | ◌็ | ส | ◌้ | อ | ม | ญ | จ | ม | ◌่ | ฝ | ก | ฟ |
| ซ | อ | ท | ช | ด | ล | ส | ว | ล | ป | ด | ช | ย | ด | พ | ร |
| ณ | น | ศ | ผ | ป | ภ | ข | ผ | ฉ | ภ | ไ | ษ | ◌้ | ญ | ภ | ธ |
| ล | ม | เ | แ | า | อ | า | ฝ | ย | ฟ | ฉ | ะ | ด | อ | ภ | เ |
| ก | ณ | ม | ฟ | ก | ส | ◌ู | ต | ร | อ | า | ห | า | ร | น | ช |

กาต้มน้ำ
กิน
อาหาร
ช้อน
ทัพพี
มีด
ผ้ากันเปื้อน
เครื่องเทศ
ฟองน้ำ
เตาอบ
เหยือก
ตะเกียบ
ย่าง
สูตรอาหาร
ตู้เย็น
ผ้าเช็ดปาก
ถ้วย
ชาม
ส้อม

# 33 - Salud y Bienestar #1

| | | | | | | | | | | | | | | | |
|---|---|---|---|---|---|---|---|---|---|---|---|---|---|---|---|
| ย | ษ | ย | แ | ร | ช | น | ผ | ร | ถ | ส | ฟ | ไ | ศ | ไ | อ |
| ซ | แ | ร | ต | ฟ | ง | แ | ค | ◌ิ | ก | ผ | ท | ป | ซ | เ | ต |
| ค | ว | า | ม | ส | ◌ู | ง | ล | ญ | ว | ◌่ | ญ | ส | จ | ช | ก |
| ฉ | ฝ | ย | ย | ฝ | แ | า | ◌ิ | จ | บ | อ | ก | ภ | ห | ป | า |
| ธ | ฮ | ย | ษ | ไ | ศ | ท | น | ย | น | น | ฉ | ษ | ศ | ค | ร |
| ฝ | อ | า | ไ | อ | ข | า | ◌ิ | ม | ส | ค | บ | ค | ณ | ว | ร |
| ฟ | ร | ข | ว | น | ภ | ◌่ | ก | ฉ | ค | ล | พ | ธ | ะ | า | ◌ั |
| แ | ◌์ | น | ร | ◌ี | ผ | ท | ◌ู | ว | เ | า | จ | แ | ม | ม | ก |
| บ | โ | า | ◌ั | ◌้ | ฝ | ศ | ด | ป | ซ | ย | ณ | ก | ผ | ห | ษ |
| ค | ม | ◌้ | ส | เ | ย | ช | ะ | น | ◌ิ | ส | ◌ั | ย | ส | ◌ิ | า |
| ท | น | ร | ภ | ม | แ | ก | ร | ป | ร | ผ | น | ะ | ะ | ว | ห |
| ◌ี | ช | ถ | ห | า | ม | ญ | ก | ◌ั | ห | ก | ต | แ | ท | ศ | ม |
| เ | ษ | ฟ | ข | ◌้ | ก | า | ร | บ | ◌ำ | บ | ◌ั | ด | ◌้ | ธ | อ |
| ร | ห | ไ | ค | ล | ◌่ | อ | ง | แ | ค | ล | ◌่ | ว | อ | ญ | ล |
| ◌ี | า | ะ | ด | ก | ร | ณ | อ | ไ | ไ | ผ | ท | ฝ | น | ห | ธ |
| ย | ษ | ค | ว | ณ | ม | ต | ผ | ศ | ท | ป | ธ | ศ | ธ | ต | ท |

คล่องแคล่ว
ความสูง
แบคทีเรีย
คลินิก
หมอ
ร้านขายยา
แตกหัก
ความหิว
นิสัย
ฮอร์โมน
กระดูก
ยา
กล้ามเนื้อ
ผิว
ท่าทาง
สะท้อน
ผ่อนคลาย
การบำบัด
การรักษา
ไวรัส

# 34 - Adjetivos #2

| | | | | | | | | | | | | | | | |
|---|---|---|---|---|---|---|---|---|---|---|---|---|---|---|---|
| เ | ภ | ญ | เ | ห | ถ | ธ | เ | ไ | ศ | แ | ด | ถ | ข | ณ | ม |
| ด | ป | ด | ไ | ว | ถ | ศ | ห | ถ | เ | แ | ซ | ญ | อ | ณ | ◌ี |
| ร | ส | ◌็ | แ | า | ค | ร | น | ท | ท | ธ | ◌ิ | บ | า | ย | ช |
| า | ร | ผ | น | น | เ | ค | ◌ี | น | ◌่ | า | ส | น | ไ | จ | ◌ี |
| ม | ◌้ | เ | ศ | ธ | ง | ร | ◌่ | ม | ห | ไ | พ | ไ | ไ | ค | ◌่ |
| ◌่ | า | ป | ม | ผ | ร | บ | อ | ช | ด | ผ | ◌ิ | บ | ◌ั | ร | อ |
| า | ง | ส | อ | ฝ | แ | ร | ย | ผ | ส | ถ | ต | ข | ไ | ด | เ |
| แ | ส | ง | บ | ช | ง | า | ม | ฝ | า | ไ | ก | ส | ม | ร | ส |
| ผ | ร | ◌่ | ฟ | ม | ◌็ | ว | ไ | ช | ต | ง | ป | ห | า | ข | ◌ี |
| ไ | ร | า | ม | ก | ข | ท | เ | ว | า | ข | ะ | ญ | ง | ษ | ย |
| ต | ค | ไ | ส | ห | แ | ผ | ย | ห | ฟ | ต | ค | ว | ป | ษ | ง |
| ส | ◌์ | ท | ล | ก | ง | ะ | ญ | ว | ย | ซ | ◌ิ | เ | จ | ช | ◌้ |
| ก | บ | ศ | จ | ช | ษ | ะ | ไ | ฉ | น | า | ซ | ค | ภ | ข | ห |
| ก | ◌ิ | น | ไ | ด | ◌้ | ช | ฟ | ซ | ค | ค | ก | ◌็ | ด | อ | แ |
| ข | ธ | ช | ส | ฝ | ธ | ก | ผ | ค | ป | จ | ไ | ม | ◌ิ | ◌ู | ภ |
| ข | พ | ห | ธ | เ | อ | ◌ุ | ด | ม | ส | ม | บ | ◌ู | ร | ณ | ◌์ |

เหนื่อย
กินได้
สร้างสรรค์
ธิบาย
ดราม่า
หวาน
สง่า
มีชื่อเสียง
สด
น่าสนใจ
เป็นธรรมชาติ
ปกติ
ใหม่
ภูมิใจ
เผ็ด
อุดมสมบูรณ์
รับผิดชอบ
เค็ม
แข็งแรง
แห้ง

# 35 - Cuerpo Humano

| | | | | | | | | | | | | | | | |
|---|---|---|---|---|---|---|---|---|---|---|---|---|---|---|---|
| จ | ห | เ | ข | ◌่ | า | ถ | ฟ | ห | ด | า | จ | ไ | ง | ก | ป |
| า | ◌ั | ต | ผ | ผ | ท | ณ | ส | ก | ◌ู | ม | จ | ห | ถ | บ | า |
| ฝ | ว | ◌ั | ห | ญ | ◌้ | น | ว | ค | ผ | ง | ค | ล | ห | ศ | ก |
| ย | ไ | ไ | ผ | ฝ | เ | น | ไ | ฟ | พ | ท | ษ | ◌่ | ข | อ | อ |
| ย | จ | ญ | ว | ธ | อ | ไ | ท | ล | บ | ต | น | ว | เ | บ | ศ |
| ภ | ว | ด | พ | อ | ◌้ | ล | ด | ผ | ฉ | ท | พ | น | ณ | แ | อ |
| น | ◌ิ | ◌้ | ว | ช | ข | ญ | น | ก | เ | ล | ◌ี | อ | ด | ฟ | ◌้ |
| ง | ห | ฝ | ศ | ก | ป | ไ | ผ | ◌ิ | ว | ษ | ะ | ◌ี | เ | า | ข |
| ธ | ฝ | ร | ว | ถ | พ | ล | ค | ธ | แ | ง | อ | ม | ส | ศ | ไ |
| ภ | บ | ท | ไ | ด | ญ | ฝ | ข | ช | แ | น | ง | ค | ด | ก | ษ |
| ฝ | แ | ด | ว | ว | ย | ญ | ว | ญ | ห | น | ◌้ | า | อ | ค | ถ |
| ฟ | ล | ส | ส | ะ | ฝ | ฉ | ต | อ | อ | ◌้ | ย | ต | ค | ณ | ป |
| ส | ณ | ท | ซ | ล | ไ | จ | ศ | ส | ฟ | ◌ิ | อ | า | ท | ว | ภ |
| ะ | ณ | แ | ช | ฝ | า | ไ | ไ | ไ | จ | ล | ร | ฟ | ศ | ซ | ด |
| ต | บ | ป | ว | ก | ไ | ป | พ | แ | จ | แ | ง | ฝ | ไ | แ | เ |
| ฝ | ฟ | า | พ | ศ | เ | ะ | ภ | ญ | ภ | ศ | ถ | ง | ฝ | ร | ภ |

คาง
ปาก
หัว
หน้า
สมอง
ข้อศอก
หัวใจ
คอ
นิ้ว
ไหล่
ลิ้น
มือ
จมูก
ตา
หู
ผิว
ขา
เข่า
เลือด
ข้อเท้า

# 36 - Calentamiento Global

| | | | | | | | | | | | | | | | |
|---|---|---|---|---|---|---|---|---|---|---|---|---|---|---|---|
| ล | า | บ | ฐ | ◌ั | ร | ภ | ก | า | ร | พ | ◌ั | ฒ | น | า | ไ |
| บ | ม | ผ | ข | ด | ◌ุ | ด | ◌ู | ก | ฎ | ห | ม | า | ย | ถ | ล |
| ร | ฉ | ◌ู | บ | ด | ◌่ | อ | ฟ | ม | ◌ิ | ภ | ◌ู | ห | ณ | ◌ุ | อ |
| ถ | ด | ช | อ | ด | น | ม | ะ | ศ | ◌ิ | ม | น | ◌ุ | ษ | ย | ◌์ |
| ไ | ฟ | ะ | แ | ◌้ | ซ | ◌้ | ผ | อ | ณ | อ | ข | ส | ต | ก | ฟ |
| ภ | ไ | า | แ | พ | ข | ◌ี | ล | ค | า | ณ | า | ◌๊ | ณ | น | อ |
| พ | ล | ◌ั | ง | ง | า | น | ท | ว | อ | ร | ฝ | ก | ไ | ค | น |
| เ | น | ว | ถ | ธ | ด | น | ◌ี | า | ด | ฝ | ◌์ | แ | า | ส | า |
| ศ | ข | ช | ก | ญ | ญ | อ | ◌่ | ม | ศ | ท | ษ | ก | จ | ศ | ค |
| ห | จ | ร | ม | แ | ร | ต | ต | ส | ผ | ญ | บ | ส | ต | ต | ต |
| ญ | ล | ษ | ส | ข | ผ | ถ | า | น | ส | ย | พ | ◌ำ | ณ | ◌ิ | ไ |
| บ | ผ | ฝ | ซ | จ | ต | แ | ม | ใ | ษ | ก | ข | ค | ไ | ฤ | ก |
| ป | ร | ะ | ช | า | ก | ร | ม | จ | ย | น | ญ | ◌ั | ม | ก | ค |
| ง | ศ | ข | น | ษ | ณ | ศ | า | ม | พ | ร | ฝ | ญ | น | ◌ิ | ฝ |
| ต | ะ | ะ | ช | อ | ◌ุ | ต | ส | า | ห | ก | ร | ร | ม | ว | ป |
| เ | อ | บ | ร | ะ | ห | ว | ◌่ | า | ง | ป | ร | ะ | เ | ท | ศ |

ตอนนี้
ความสนใจ
อาร์กติก
ภูมิอากาศ
ผลที่ตามมา
วิกฤติ
ข้อมูล
การพัฒนา
พลังงาน
อนาคต

แก๊ส
รุ่น
รัฐบาล
มนุษย์
อุตสาหกรรม
ระหว่างประเทศ
กฎหมาย
ประชากร
สำคัญ
อุณหภูมิ

# 37 - Ciencia

| | | | | | | | | | | | | | | | |
|---|---|---|---|---|---|---|---|---|---|---|---|---|---|---|---|
| ข | พ | ล | ม | ◌ู | อ | ◌้ | ข | ญ | ช | แ | า | า | พ | แ | ส |
| ◌้ | ◌ี | อ | ห | ป | ข | น | า | ฐ | ◌ิ | ต | ม | ม | ส | ร | ◌ิ |
| อ | ช | ะ | ญ | เ | ม | ว | ◌ุ | ถ | ญ | ม | ว | ฝ | แ | ง | ◌่ |
| เ | อ | ต | ช | ผ | ล | า | ◌ิ | ภ | ผ | ษ | ◌ิ | ก | อ | โ | ง |
| ท | ว | อ | ล | า | ว | ไ | ต | ธ | า | ด | ว | า | ฉ | น | ม |
| ◌็ | ◌ี | ม | ค | เ | ป | ล | า | ล | ◌ี | ค | ◌ั | ร | น | ◌้ | ◌ี |
| จ | ถ | ศ | ไ | ล | น | ษ | ช | ก | ญ | ณ | ฒ | ท | ษ | ม | ช |
| จ | ไ | า | ต | ค | เ | แ | ม | ผ | อ | แ | น | ด | ฝ | ถ | ◌ี |
| ร | ต | ก | เ | ง | ◌ั | ส | ร | า | ก | ง | า | ล | ภ | ◌่ | ว |
| ◌ิ | ◌ุ | า | ค | อ | ญ | ษ | ร | ฟ | า | ด | ก | อ | พ | ว | ◌ิ |
| ง | า | อ | ธ | ซ | อ | ณ | ธ | เ | อ | ไ | า | ง | ฟ | ง | ต |
| ษ | ธ | ม | โ | ม | เ | ล | ก | ◌ุ | ล | ส | ร | ซ | ห | ไ | ห |
| อ | ◌่ | ◌ิ | อ | ะ | ก | ว | ร | ซ | ร | ล | ซ | ช | ฝ | ษ | ช |
| ป | ร | ◌ู | บ | ป | เ | ห | ย | จ | ร | ล | ณ | ◌ิ | ผ | ศ | ณ |
| เ | แ | ภ | ถ | ฟ | ◌ิ | ส | ◌ิ | ก | ส | ◌์ | ต | ล | ล | ท | ศ |
| ถ | ล | ช | น | อ | อ | ศ | ผ | จ | ภ | า | ค | ญ | ถ | ม | จ |

อะตอม
ภูมิอากาศ
ข้อมูล
วิวัฒนาการ
การทดลอง
ฟิสิกส์
ฟอสซิล
แรงโน้มถ่วง
ข้อเท็จจริง
สมมติฐาน
วิธี
แร่ธาตุ
โมเลกุล
ธรรมชาติ
การสังเกต
สิ่งมีชีวิต
อนุภาค
พืช
เคมี

# 38 - Restaurante #2

| | | | | | | | | | | | | | | | |
|---|---|---|---|---|---|---|---|---|---|---|---|---|---|---|---|
| น | ท | ต | ข | ท | ซ | ร | ล | ก | ◌้ | ค | เ | น | ษ | เ | ญ |
| ต | ง | ญ | ล | เ | ถ | ท | ผ | ◌๋ | ศ | ศ | ป | ◌้ | ญ | ค | พ |
| ก | ไ | ต | ส | เ | ซ | ส | ร | ว | ฝ | บ | ษ | ◌ำ | ถ | ร | ฉ |
| ส | ห | ง | ฟ | ค | เ | ท | ข | ย | ค | า | ณ | ะ | ไ | ◌ี | ะ |
| ะ | ล | ง | น | ร | เ | น | ญ | เ | ย | น | ล | ฟ | ต | ◌่ | ด |
| จ | ะ | ◌ั | ช | ◌ี | ฉ | ผ | ย | ต | ด | ท | ป | อ | ส | อ | า |
| ล | ช | ภ | ด | ◌่ | ซ | ◌ุ | ป | ◌ี | ส | ณ | ฉ | ล | จ | ง | พ |
| บ | ◌้ | ซ | น | อ | ภ | ด | จ | ◌๋ | ง | ช | ก | ฟ | า | เ | น |
| ค | อ | น | ข | ง | ผ | ◌ั | ก | ย | ค | ะ | ค | ป | ด | ท | ◌้ |
| ไ | น | ด | า | ด | อ | ไ | ฝ | ว | ม | แ | ต | ฝ | ณ | ศ | ◌ำ |
| ณ | ข | ถ | ช | ◌ี | ร | ก | ◌ิ | ร | บ | ธ | ผ | ซ | บ | ม | แ |
| ป | ล | ◌่ | ◌้ | ◌่ | ◌่ | อ | า | ห | า | ร | เ | ย | ◌็ | น | ข |
| ส | ◌้ | อ | ม | ม | อ | ◌ี | ต | ม | ะ | ผ | ไ | ถ | ฉ | น | ◌็ |
| ร | ห | แ | ไ | ถ | ย | ล | ว | ฝ | ซ | ง | ะ | ม | ศ | ค | ง |
| ง | ง | ล | ล | แ | ซ | ก | ซ | ง | ฟ | ต | จ | ฟ | ร | ย | ษ |
| ษ | ถ | ญ | ผ | ถ | ด | เ | เ | ก | ◌้ | า | อ | ◌ี | ◌้ | ษ | ง |

น้ำ
เครื่องดื่ม
บริกร
อาหารเย็น
ช้อน
อร่อย
สลัด
เครื่องเทศ
ก๋วยเตี๋ยว
ผลไม้
น้ำแข็ง
ไข่
เค้ก
ปลา
เกลือ
เก้าอี้
ซุป
ส้อม
ผัก

# 39 - Profesiones #1

| | | | | | | | | | | | | | | | |
|---|---|---|---|---|---|---|---|---|---|---|---|---|---|---|---|
| เ | ฝ | ถ | ญ | น | โ | ย | ป | ◌ี | เ | ก | ◌ั | น | ท | น | พ |
| ย | อ | ม | ห | ม | ◌ั | ห | ก | ย | ศ | ญ | อ | ฮ | น | ◌ั | ย |
| ซ | ต | ก | ค | ณ | แ | ก | ค | ว | แ | ว | ◌ั | ◌ั | า | ก | า |
| ญ | ป | น | อ | ญ | ฉ | ต | เ | ข | ซ | ซ | ญ | น | ย | ก | บ |
| บ | แ | ก | ◌ั | ◌ั | ษ | ย | ญ | ต | ท | ะ | ม | เ | ค | ◌ี | า |
| ป | า | ไ | ส | ก | ค | ะ | ษ | ค | ◌้ | ฉ | ณ | ต | ว | ฬ | ล |
| น | ส | ภ | ไ | ล | จ | ร | ข | ศ | น | น | ◌ี | อ | า | า | ธ |
| ค | ต | ฉ | ศ | ผ | ส | ◌ิ | ร | ม | ไ | ผ | น | ร | ม | ว | ศ |
| ป | ภ | ข | ผ | ค | ห | ฉ | ต | า | ห | พ | บ | ◌์ | ค | ก | จ |
| น | ◌ั | ก | ด | น | ต | ร | ◌ี | ว | ช | ◌้ | ค | โ | ถ | ห | ฉ |
| ช | ◌่ | า | ง | ป | ร | ะ | ป | า | ◌ิ | ท | ล | ฉ | เ | ผ | บ |
| น | า | ย | ธ | น | า | ค | า | ร | ษ | ท | ◌ู | ส | ส | ไ | ศ |
| ส | ◌ั | ต | ว | แ | พ | ท | ย | ◌์ | ส | ะ | ย | ต | ท | ย | ม |
| ส | ภ | ว | ค | ช | แ | ป | ซ | ไ | ข | ◌ี | ส | า | ล | ะ | ก |
| ด | ◌ั | บ | เ | พ | ล | ◌ิ | ง | อ | อ | ต | า | ไ | อ | แ | ข |
| ง | ส | ช | ม | บ | ร | ร | ณ | า | ธ | ◌ิ | ก | า | ร | ะ | พ |

ทนายความ
นักกีฬา
นักเต้น
นายธนาคาร
ดับเพลิง
ฮันเตอร์
หมอ
บรรณาธิการ
เอกอัครราชทูต
พยาบาล
โค้ช
ช่างประปา
อัญมณี
กะลาสี
นักดนตรี
นักเปียโน
นักจิตวิทยา
สัตวแพทย์

# 40 - Vehículos

| | | | | | | | | | | | | | | | |
|---|---|---|---|---|---|---|---|---|---|---|---|---|---|---|---|
| ร | ฟ | ะ | ส | ฝ | ◌์ | ร | อ | ต | เ | ก | ร | ท | แ | ถ | ร |
| ถ | บ | ไ | น | ค | ฟ | ไ | ถ | ร | ฉ | ข | ไ | ผ | ข | ร | ร |
| ไ | ย | ป | ช | บ | ส | ช | จ | พ | ล | ต | ห | ห | ม | น | ถ |
| ฟ | เ | ร | ◌ี | อ | ผ | ด | น | า | ย | ร | ก | ◌ั | จ | เ | เ |
| ไ | ค | า | ร | า | ว | า | น | แ | ด | า | ส | ม | แ | ค | ม |
| ต | ต | แ | ซ | ซ | ฟ | ภ | ฟ | ฉ | ณ | ย | บ | ค | ค | ร | ล |
| ◌้ | ◌์ | แ | ต | ◌ี | ภ | า | ง | ญ | ก | ว | ข | า | ฉ | ◌ี | ◌์ |
| ด | น | พ | ร | พ | ◌่ | ะ | ล | ช | ว | ซ | ต | ช | ล | ◌่ | ภ |
| ◌ิ | ย | ว | ส | ะ | ร | ก | ◌ุ | ท | ร | ร | บ | ถ | ร | อ | จ |
| น | ง | เ | ร | ส | ถ | ต | ◌็ | อ | ล | เ | ญ | ย | ฉ | ง | ท |
| เ | อ | น | ข | ฝ | ฟ | แ | ะ | ท | พ | ภ | ค | ย | ก | บ | ท |
| ฝ | ◌่ | ไ | ธ | แ | ถ | ท | แ | ห | แ | แ | ณ | ล | ค | ◌ิ | ด |
| จ | ◌ี | เ | ฮ | ล | ◌ิ | ค | อ | ป | เ | ต | อ | ร | ◌์ | น | ะ |
| ไ | ร | พ | า | ย | น | เ | ร | ◌ี | อ | ด | ◌ำ | น | ◌้ | ◌ำ | ย |
| ง | ค | ว | เ | ร | ◌ี | อ | ข | ◌้ | า | ม | ฟ | า | ก | เ | า |
| ถ | เ | ม | ด | ฝ | ป | ต | ฝ | ร | ธ | ศ | ร | ท | ส | แ | ง |

รถพยาบาล
รถเมล์
เครื่องบิน
แพ
เรือ
จักรยาน
รถบรรทุก
คาราวาน
รถ
จรวด
เรือข้ามฟาก
เฮลิคอปเตอร์
กระสวย
รถไฟใต้ดิน
เครื่องยนต์
ยาง
เรือดำน้ำ
แท็กซี่
รถแทรกเตอร์
รถไฟ

# 41 - Geometría

| | | | | | | | | | | | | | | | |
|---|---|---|---|---|---|---|---|---|---|---|---|---|---|---|---|
| ก | า | ร | ค | ◌ำ | น | ว | ณ | พ | ค | ร | ถ | ฝ | ก | ส | ค |
| ว | ธ | บ | บ | ะ | ง | ◌้ | ◌ั | ต | ว | น | แ | ฝ | ฉ | จ | ว |
| ซ | ญ | ม | ธ | บ | ไ | ฉ | เ | ฟ | า | บ | ไ | ท | ม | เ | า |
| ต | ห | ◌ิ | แ | ถ | ธ | ข | ป | ห | ม | ศ | ต | ถ | แ | ย | ม |
| ล | ร | ต | า | ม | ม | ส | ญ | ต | ส | ซ | ไ | ก | บ | ส | น |
| ข | น | ◌ิ | ท | ย | พ | น | ข | ญ | ◌ู | ษ | ไ | อ | บ | ไ | ◌่ |
| ล | ว | ม | ญ | า | ร | า | ม | จ | ง | ย | ป | ฟ | ฟ | ผ | า |
| เ | ร | ช | ส | ต | ย | ฐ | ◌ุ | ห | ข | ฝ | ศ | ส | ก | น | จ |
| ว | ส | ข | น | า | น | ย | ม | พ | ◌ี | ◌้ | น | ผ | ◌ิ | ว | ะ |
| ◌ั | ท | ◌้ | อ | ล | บ | ธ | แ | ว | ว | ณ | ว | ส | ย | ส | เ |
| ต | ต | แ | น | ร | ส | ◌ั | ด | ผ | ท | เ | ◌่ | ฝ | น | ◌่ | ป |
| ไ | ฟ | ม | ว | โ | จ | ม | เ | ก | ศ | ฤ | ส | ส | ห | ด | ◌็ |
| ง | จ | ไ | น | ศ | ค | ะ | ก | ร | ร | ต | ษ | ต | ท | ◌ั | น |
| ไ | บ | ต | แ | ข | ข | ◌้ | ห | า | ข | แ | ซ | ฎ | อ | ส | ง |
| น | ห | ะ | ะ | ผ | ศ | ภ | ง | ซ | ร | ท | ย | ศ | ◌ี | ห | ซ |
| ล | อ | ส | า | ม | เ | ห | ล | ◌ี | ◌่ | ย | ม | ภ | ข | น | ฉ |

ความสูง
มุม
การคำนวณ
เส้นโค้ง
มิติ
สมการ
แนวนอน
ตรรกะ
มวล
มัธยฐาน
ตัวเลข
ขนาน
ความน่าจะเป็น
สัดส่วน
ส่วน
สมมาตร
พื้นผิว
ทฤษฎี
สามเหลี่ยม
แนวตั้ง

# 42 - Vacaciones #2

| | | | | | | | | | | | | | | | |
|---|---|---|---|---|---|---|---|---|---|---|---|---|---|---|---|
| อ | ญ | ส | ม | ล | ษ | ษ | ะ | แ | น | โ | ธ | ษ | บ | ช | ช |
| ท | ฉ | ถ | น | ผ | ก | น | ถ | จ | ท | ร | ญ | จ | ห | า | า |
| ฝ | ฉ | จ | บ | า | ะ | า | ก | เ | ะ | ง | อ | จ | า | ย | ว |
| ธ | ไ | ค | า | ข | ม | อ | ร | ฟ | เ | แ | ฝ | ไ | ถ | ห | ต |
| ศ | ไ | ษ | ม | เ | ล | บ | ณ | เ | ล | ร | ป | ล | ซ | า | ◌่ |
| ง | ป | ด | ษ | ◌ู | ก | ฟ | ◌ิ | ส | ด | ม | ธ | ว | ญ | ด | า |
| ค | ล | ย | ถ | ภ | ง | ฝ | จ | น | ว | ◌ิ | ะ | ถ | ค | ผ | ง |
| แ | ต | ◌ุ | ญ | แ | ฝ | ธ | ฝ | ซ | บ | ฟ | น | ณ | ไ | แ | ช |
| ฟ | ผ | ห | ง | ห | พ | ไ | ไ | ◌ี | ว | ธ | ษ | ท | พ | น | า |
| ไ | ญ | น | า | ป | ง | ก | ง | ◌่ | ส | น | ข | ร | า | ก | ต |
| ง | เ | ◌ั | ท | บ | ถ | ถ | ล | ก | ก | พ | ฟ | า | ร | ง | ◌ิ |
| ท | ก | ว | ย | ◌ี | ส | เ | ต | ◌็ | น | ท | ◌์ | ร | ษ | ป | ไ |
| อ | จ | ถ | า | ซ | ◌่ | ◌ี | ว | ท | ย | า | ◌่ | ถ | พ | า | ภ |
| ย | ไ | ส | ล | ว | ก | ะ | ฟ | แ | ส | ต | ถ | ไ | ก | ณ | ค |
| ธ | ค | ข | ป | เ | ว | ล | า | ว | ◌่ | า | ง | ฟ | ม | อ | ห |
| ร | ◌้ | า | น | อ | า | ห | า | ร | บ | ะ | น | ช | ถ | ส | ร |

สนามบิน
เต็นท์
ปลายทาง
ชาวต่างชาติ
ภาพถ่าย
โรงแรม
เกาะ
แผนที่
ทะเล
ภูเขา
เวลาว่าง
ชายหาด
จอง
ร้านอาหาร
แท็กซี่
การขนส่ง
รถไฟ
วันหยุด
การเดินทาง
วีซ่า

# 43 - Matemáticas

| | | | | | | | | | | | | | | | |
|---|---|---|---|---|---|---|---|---|---|---|---|---|---|---|---|
| ข | ส | ก | ผ | ส | ย | ต | เ | ช | ช | ฝ | ธ | ย | ส | ข | ด |
| ส | ผ | ธ | ธ | ค | ง | ◌ั | ร | ส | ฟ | พ | ไ | ง | ะ | ไ | ล |
| ง | ว | ด | ข | ห | ว | ◌้ | ข | ส | ม | ◌ี | ศ | ◌ั | ร | ส | ะ |
| ข | น | า | น | ด | บ | ง | า | จ | ว | ก | น | ธ | ป | เ | ง |
| เ | เ | บ | ฝ | อ | อ | ฉ | ค | า | ร | น | า | ฟ | ญ | แ | ษ |
| ส | ม | ม | า | ต | ร | า | ณ | ส | ห | ผ | ศ | ร | ม | ด | ธ |
| า | ย | เ | ไ | ◌ิ | น | ก | ◌ิ | แ | ศ | แ | ง | อ | ค | ฟ | ก |
| ค | ◌ิ | ก | ษ | ณ | ◌้ | ก | ต | ต | ศ | ก | อ | ฟ | ญ | ย | ท |
| อ | น | ส | ส | ค | ส | ส | า | ม | เ | ห | ล | ◌ี | ◌่ | ย | ม |
| ข | ศ | แ | ล | ข | เ | ม | ห | ม | า | ย | เ | ล | ข | ย | ถ |
| ษ | ท | ส | ว | ล | ศ | แ | ◌ุ | ผ | ษ | ข | ม | ค | ร | ช | ไ |
| ม | ศ | ผ | ง | เ | ฝ | ว | ฟ | ม | ส | บ | อ | ษ | ด | ร | ส |
| เ | พ | ฟ | ษ | ฝ | ก | ก | บ | ไ | ร | ข | ภ | บ | ภ | พ | น |
| ต | ◌ั | ว | แ | ท | น | ว | ◌่ | ส | ษ | ศ | เ | พ | ฝ | ไ | ษ |
| ม | ร | ะ | ด | ◌ั | บ | เ | ส | ◌ี | ย | ง | ษ | ล | ณ | ะ | น |
| ง | ย | ถ | ค | ช | ก | ฟ | ท | ญ | ฉ | ร | ห | ฝ | ช | จ | ฟ |

เลขคณิต
มุม
เส้นรอบวง
ทศนิยม
แผนก
สมการ
ตัวแทน
เศษส่วน
เรขาคณิต
องศา
หมายเลข
ขนาน
ขอบ
ตั้งฉาก
รัศมี
สมมาตร
รวม
สามเหลี่ยม
ระดับเสียง

# 44 - Restaurante #1

| | | | | | | | | | | | | | | | |
|---|---|---|---|---|---|---|---|---|---|---|---|---|---|---|---|
| เ | ซ | ภ | ภ | บ | ท | เ | ะ | ผ | ล | ก | ล | บ | ว | ศ | ศ |
| ฝ | ผ | า | ู | เ | ฝ | พ | น | ะ | ไ | ง | ไ | ก | ่ | ะ | ป |
| ม | ว | ็ | ถ | ม | น | ข | ฟ | ี | ฉ | ษ | จ | แ | ท | ม | แ |
| ห | อ | ป | ด | ส | ิ | ห | ช | ซ | ้ | ต | า | ฝ | ไ | จ | ไ |
| ฝ | า | ห | จ | ผ | า | แ | น | อ | ณ | อ | น | ห | ญ | ฝ | ม |
| ท | ช | ธ | ส | น | ส | พ | พ | ส | ห | ง | ญ | ว | า | า | ี |
| น | า | ศ | น | ว | ั | ร | ค | ้ | ท | ธ | แ | า | ส | เ | ด |
| ส | ม | ฝ | ป | ่ | เ | ไ | ฟ | ใ | ไ | ใ | ถ | ฟ | ค | ข | ะ |
| พ | ห | ไ | ผ | ส | ฝ | ไ | ซ | ศ | จ | ษ | น | ก | ไ | พ | ย |
| า | ง | ด | ส | ด | ช | แ | ฟ | า | ภ | ช | ต | ภ | ล | ณ | ส |
| ค | ู | ง | อ | จ | ร | า | ก | ษ | ภ | พ | ส | ค | ต | ห | ภ |
| พ | น | ั | ก | ง | า | น | เ | ส | ิ | ร | ์ | ฟ | แ | า | ก |
| ธ | ม | ป | ร | น | ห | แ | ค | ช | เ | ช | ี | ย | ร | ์ | ศ |
| ณ | เ | ม | ช | ห | า | ผ | ้ | า | เ | ช | ็ | ด | ป | า | ก |
| ฉ | ห | น | ิ | ก | อ | า | ศ | แ | พ | ช | ณ | ข | ป | ย | ร |
| ส | ต | ข | ย | จ | แ | น | ป | า | เ | ก | แ | ค | ะ | บ | ช |

ภูมิแพ้
กาแฟ
แคชเชียร์
พนักงานเสิร์ฟ
เนื้อ
ครัว
กิน
อาหาร
มีด
ส่วนผสม
เมนู
ขนมปัง
เผ็ด
จาน
ไก่
ขนม
การจอง
ซอส
ผ้าเช็ดปาก
ชาม

# 45 - Profesiones #2

| | | | | | | | | | | | | | | | |
|---|---|---|---|---|---|---|---|---|---|---|---|---|---|---|---|
| ร | ◌์ | ต | ส | า | ศ | า | ษ | า | ภ | ก | ◌ั | น | ก | ซ | ท |
| ด | ผ | บ | ส | ส | ย | ◌์ | ท | พ | แ | ย | ล | ◌ั | ศ | ธ | ◌ั |
| ส | ะ | ด | ญ | พ | ซ | ธ | ไ | จ | บ | ส | ◌ี | ก | ◌ั | น | น |
| น | ◌ั | ก | ป | ร | ะ | ด | ◌ิ | ษ | ฐ | ◌์ | ษ | บ | ะ | ป | ต |
| อ | ท | ณ | ว | ภ | ต | ผ | แ | ด | ฝ | เ | ษ | ◌ิ | ศ | ฟ | แ |
| ว | ◌ิ | ศ | ว | ก | ร | า | บ | ไ | ฝ | ษ | ◌์ | น | า | เ | พ |
| น | ◌ั | ก | ช | ◌ี | ว | ว | ◌ิ | ท | ย | า | ก | ว | ก | แ | ท |
| เ | า | พ | อ | จ | ณ | ฉ | ไ | ภ | ช | ◌ู | ◌ั | ส | ว | ล | ย |
| ฝ | พ | ม | ข | บ | ถ | ถ | ฝ | ง | ร | น | ร | น | อ | ษ | ◌์ |
| อ | า | น | ค | ไ | ไ | ภ | ญ | ผ | พ | ม | า | ค | น | ฟ | ย |
| ภ | ภ | ไ | ญ | ผ | ม | ฉ | ไ | ษ | ฉ | ม | ณ | น | บ | ฝ | ท |
| ช | ง | ธ | ค | น | ข | ป | ธ | ก | ร | ก | ร | ต | ◌ิ | จ | พ |
| ถ | า | ญ | ช | ร | ◌ั | ป | ก | ◌ั | น | ป | ร | ฟ | ก | ส | แ |
| ญ | ◌่ | ว | า | ข | ◌่ | ก | ◌ั | น | อ | เ | บ | ว | ◌ั | ม | ซ |
| ภ | ช | ญ | น | ป | า | ว | ส | ธ | ช | ฉ | ส | ต | น | ภ | ฝ |
| ต | พ | ร | ธ | า | น | ◌ั | ก | ว | ◌ิ | จ | ◌ั | ย | ค | ต | ถ |

ชาวนา
นักบินอวกาศ
บรรณารักษ์
นักชีววิทยา
ศัลยแพทย์
ทันตแพทย์
นักสืบ
นักปรัชญา
ช่างภาพ
วิศวกร
นักประดิษฐ์
นักวิจัย
คนสวน
นักภาษาศาสตร์
แพทย์
นักข่าว
นักบิน
จิตรกร
ครู

# 46 - Naturaleza

| | | | | | | | | | | | | | | | |
|---|---|---|---|---|---|---|---|---|---|---|---|---|---|---|---|
| พ | ม | ร | ศ | ผ | ธ | จ | เ | ท | ใ | บ | ไ | ม | ◌้ | ฉ | จ |
| ถ | ต | ส | ส | ◌ี | ญ | ค | ข | ว | ะ | บ | ศ | ต | เ | ไ | ณ |
| ร | ต | ค | ซ | ◌้ | ท | ต | ต | ด | ส | เ | พ | ภ | ผ | ฝ | า |
| พ | ห | ว | ไ | ง | ห | ด | ร | ด | ป | ง | ล | ส | ถ | ฝ | ท |
| ข | ฉ | า | ◌่ | ป | จ | ส | ◌้ | ภ | ฟ | ศ | ศ | ท | น | ศ | ย |
| ภ | ฆ | ม | เ | ด | ช | ห | อ | ถ | อ | ต | ล | ธ | ร | ห | ผ |
| ◌ู | ป | ง | ง | า | ป | ภ | น | ะ | บ | ษ | ร | า | ส | า | พ |
| เ | ส | า | ห | ม | อ | ก | อ | ว | ม | ะ | ญ | ร | ◌ำ | ผ | ย |
| ข | ข | ม | พ | ธ | ก | ก | ◌่ | น | ช | ฝ | ญ | น | ค | า | ภ |
| า | ธ | า | ล | ป | ต | ค | ร | ผ | ◌ิ | ม | ฟ | ◌้ | ◌ั | ◌้ | ◌ั |
| ะ | ม | ภ | ย | ต | ◌ิ | แ | น | อ | ภ | ◌่ | ไ | ◌ำ | ญ | น | บ |
| ไ | ไ | ร | พ | ◌ั | ก | อ | ม | พ | ญ | แ | ง | แ | ม | ห | ล |
| ถ | ส | ◌ั | ต | ว | ◌์ | จ | ร | ◌่ | จ | ผ | ต | ข | า | ล | ห |
| ค | ศ | ซ | เ | ล | ร | ธ | ฟ | ท | น | พ | จ | ◌็ | ก | ด | ◌่ |
| ซ | ส | ง | บ | พ | า | ไ | ศ | ไ | ว | ◌้ | ว | ง | ถ | ญ | ◌ี |
| ะ | ค | ค | ะ | พ | อ | ถ | อ | ล | า | ย | ◌ำ | ม | พ | จ | ท |

ผึ้ง
หน้าผา
สัตว์
อาร์กติก
ความงาม
ป่า
ทะเลทราย
พลวัต
ร่อน
ใบไม้
ธารน้ำแข็ง
ภูเขา
หมอก
เมฆ
สงบ
ที่หลบภัย
แม่น้ำ
นิ่ง
เขตร้อน
สำคัญมาก

# 47 - Conduciendo

| | | | | | | | | | | | | | | | |
|---|---|---|---|---|---|---|---|---|---|---|---|---|---|---|---|
| ก | เ | เ | ศ | ร | น | ว | ข | ซ | ย | า | ร | ต | น | ◌ั | อ |
| า | ค | ช | บ | ส | เ | ช | ม | ป | อ | ซ | ย | ◌ำ | โ | ก | ◌ุ |
| ร | ว | เ | ◌ี | ร | บ | จ | ฟ | ช | บ | ช | ส | ร | ร | า | บ |
| จ | า | ค | ะ | ◌้ | ค | ช | ล | ไ | ค | พ | อ | ว | ง | ร | ◌ั |
| ร | ม | ร | จ | น | อ | แ | ผ | น | ท | ◌ี | ◌่ | จ | ร | ข | ต |
| า | ป | ◌ี | า | ท | ◌้ | เ | น | ◌ิ | ด | เ | น | ค | ถ | น | ◌ิ |
| จ | ล | ◌่ | ด | ค | ต | ม | พ | ณ | ฟ | า | ว | ฝ | ญ | ส | เ |
| ร | อ | อ | ก | ก | า | ย | ล | ล | แ | ธ | ม | ข | ภ | ◌่ | ห |
| ล | ด | ง | ะ | ล | ญ | ภ | เ | ส | ◌ิ | ห | ภ | ซ | ณ | ง | ต |
| แ | ภ | ย | ณ | ล | ◌ุ | น | ถ | ค | ◌์ | ง | ม | โ | ◌ุ | อ | ◌ุ |
| ก | ◌ั | น | ต | ◌์ | น | ย | น | า | ย | ร | ก | ◌ั | จ | ถ | ร |
| ◌๊ | ย | ต | แ | ป | อ | ไ | ร | ถ | บ | ร | ร | ท | ◌ุ | ก | ศ |
| ส | ก | ◌์ | า | ฝ | บ | ค | ว | า | ม | เ | ร | ◌็ | ว | ะ | ท |
| ข | ว | ณ | บ | ร | ไ | ฟ | ไ | ศ | ผ | ล | ส | ภ | ก | ธ | ซ |
| ณ | จ | ณ | ย | ถ | ห | ง | ก | ถ | ล | ไ | ต | ญ | ท | ช | บ |
| ห | ฟ | เ | ช | ญ | ซ | ไ | ผ | ส | ด | ม | เ | ข | ถ | ส | ษ |

อุบัติเหตุ
ถนน
รถบรรทุก
รถ
เชื้อเพลิง
เบรค
โรงรถ
แก๊ส
ใบอนุญาต
แผนที่
รถจักรยานยนต์
เครื่องยนต์
คนเดินเท้า
อันตราย
ตำรวจ
ความปลอดภัย
การขนส่ง
การจราจร
อุโมงค์
ความเร็ว

# 48 - Ballet

| | | | | | | | | | | | | | | | |
|---|---|---|---|---|---|---|---|---|---|---|---|---|---|---|---|
| จ | น | ◌ั | ก | เ | ต | ◌้ | น | ท | ป | น | ผ | จ | ม | ป | ป |
| ญ | ◌ั | บ | ฉ | ห | ล | ซ | ค | ◌่ | ค | ◌ั | ส | ◌ู | ซ | ท | ว |
| ก | ช | ง | ท | ณ | บ | ◌้ | พ | า | ว | ก | ง | แ | ◌้ | ด | เ |
| ล | บ | ถ | ห | เ | ไ | อ | ศ | ท | า | แ | ◌่ | ส | เ | ช | อ |
| ◌้ | ญ | า | ฟ | ว | ร | ม | ท | า | ม | ต | า | ด | ท | ไ | ม |
| า | ถ | พ | แ | ย | ะ | ◌ี | ฉ | ง | เ | ◌่ | ง | ง | ค | ล | ◌ี |
| ม | ศ | เ | เ | ◌่ | ษ | ร | ย | ะ | ข | ง | า | อ | น | ท | บ |
| เ | ฟ | อ | ต | ◌ี | ก | ต | ว | น | ◌้ | เ | ม | อ | ◌ิ | า | ร |
| น | ค | น | ภ | ด | ◌ั | น | ง | บ | ม | พ | ซ | ก | ค | ไ | ป |
| ◌ี | จ | ป | ภ | เ | ท | ด | ด | ญ | ข | ล | ศ | ข | ศ | ฝ | ง |
| ◌้ | ภ | ง | ฉ | ล | ท | ก | น | ล | ◌้ | ง | บ | ก | อ | ม | ย |
| อ | ม | ภ | บ | ห | ง | ไ | ต | ศ | น | ไ | น | น | ผ | ม | ◌ี |
| า | ข | บ | บ | แ | ป | ◌ู | ร | ◌ิ | ไ | ญ | ช | ต | ก | เ | ส |
| ส | ไ | ธ | ญ | ถ | ย | ไ | ◌ี | ล | ท | ญ | ศ | ญ | ต | น | เ |
| า | พ | ค | ญ | น | เ | ท | จ | ป | ข | เ | แ | ย | ข | ญ | ล |
| ช | ไ | ง | ห | ผ | ฟ | ฉ | เ | ะ | ม | ผ | ค | อ | พ | ต | ห |

สง่างาม
เสียงปรบมือ
ศิลปะ
ผู้ชม
นักเต้น
นักแต่งเพลง
ซ้อม
รูปแบบ
แสดงออก
ท่าทาง
ทักษะ
ความเข้มข้น
บทเรียน
กล้ามเนื้อ
ดนตรี
วงดนตรี
จังหวะ
เดี่ยว
เทคนิค

# 49 - Fuerza y Gravedad

| | | | | | | | | | | | | | | | |
|---|---|---|---|---|---|---|---|---|---|---|---|---|---|---|---|
| ณ | ซ | ะ | ธ | ฉ | ผ | อ | ฟ | พ | แ | ล | ข | ษ | ไ | ธ | แ |
| น | ◌้ | ◌ำ | ห | น | ◌ั | ก | ฉ | ◌ิ | ล | ก | า | ส | ธ | า | ม |
| แ | น | า | น | เ | ไ | ฉ | ต | ว | ส | ว | ค | ภ | ต | ก | ◌่ |
| ร | ค | ว | า | ม | เ | ร | ◌็ | ว | ง | ◌ิ | ◌ั | แ | ข | จ | เ |
| ง | า | ล | ก | ย | ◌์ | น | ◌ู | ศ | อ | โ | ก | ต | ส | ไ | ห |
| เ | ร | ะ | ย | ะ | ท | า | ง | พ | ซ | เ | ค | ส | ง | ฝ | ล |
| ส | ศ | ไ | ฉ | ฝ | ป | ท | ห | อ | ฟ | ล | ญ | จ | ◌์ | ท | ◌็ |
| ◌ี | ญ | ค | ล | ซ | ห | ญ | จ | บ | พ | น | ◌้ | ค | ร | า | ก |
| ย | เ | ว | ห | ไ | น | อ | ◌่ | ◌ื | ล | ค | เ | ร | า | ก | ก |
| ด | ว | า | ช | พ | ก | ต | ◌ิ | บ | ◌ั | ม | ส | ณ | ◌ุ | ค | ล |
| ท | ล | ม | อ | ท | แ | ผ | เ | ท | ถ | อ | ง | น | ธ | ฝ | ศ |
| า | า | ด | ภ | ะ | ม | ห | ไ | ะ | ต | อ | ซ | บ | ห | ง | า |
| น | ว | ◌ั | ต | ย | า | ย | ข | ร | า | ก | า | ย | ภ | เ | ส |
| ม | แ | น | ธ | เ | ถ | ษ | เ | ก | ล | ข | ห | ณ | ค | พ | ต |
| โ | ม | เ | ม | น | ต | ◌ั | ม | ล | บ | ฟ | า | ด | อ | ว | ร |
| ษ | แ | อ | ห | ว | ฟ | ภ | พ | ผ | ฝ | ไ | ท | ม | ไ | ม | ◌์ |

ศูนย์กลาง
การค้นพบ
พลวัต
ระยะทาง
แกน
การขยายตัว
ฟิสิกส์
แรงเสียดทาน
ผลกระทบ
โมเมนตัม
แม่เหล็ก
กลศาสตร์
การเคลื่อนไหว
วงโคจร
น้ำหนัก
ความดัน
คุณสมบัติ
เวลา
สากล
ความเร็ว

# 50 - Aventura

| | | | | | | | | | | | | | | | |
|---|---|---|---|---|---|---|---|---|---|---|---|---|---|---|---|
| ธ | ค | ห | ท | ศ | ภ | น | ฟ | ซ | จ | เ | ก | ศ | จ | ค | ล |
| ค | ร | ว | ผ | ท | ม | บ | อ | ต | ด | พ | า | ผ | ม | ว | ษ |
| ษ | แ | ร | า | อ | ข | บ | ต | ง | น | ◌ื | ย | ผ | ข | า | ซ |
| ย | อ | ษ | ม | ม | ม | บ | ว | า | ◌ำ | ◌่ | ม | ห | ไ | ม | อ |
| ไ | ส | ม | ซ | ช | ก | ศ | ง | อ | ร | อ | า | ไ | แ | ป | ห |
| อ | ป | ณ | ห | ว | า | ล | ง | ผ | ◌่ | น | ว | น | ป | ล | โ |
| า | ะ | ม | ฟ | ไ | ด | ต | ◌้ | ข | อ | ค | ค | ไ | ล | อ | อ |
| อ | ผ | ก | ธ | ช | ป | ฝ | ◌ิ | า | ง | ค | ภ | อ | า | ด | ก |
| ผ | ◌ิ | ด | ป | ก | ต | ◌ิ | ด | ว | ห | บ | ป | ◌ั | ย | ภ | า |
| จ | ก | ◌ิ | จ | ก | ร | ร | ม | ป | ฉ | า | ฝ | น | ท | ◌ั | ส |
| เ | อ | ค | ว | า | ม | ง | า | ม | ล | ล | ญ | ต | า | ย | น |
| พ | ไ | ย | ท | ◌ั | ศ | น | ศ | ◌ึ | ก | ษ | า | ร | ง | ถ | ล |
| น | ◌่ | า | แ | ป | ล | ก | ใ | จ | ท | เ | ว | า | า | บ | ภ |
| ก | า | ร | ต | ร | ะ | เ | ต | ร | ◌ี | ย | ม | ย | ศ | บ | า |
| ก | า | ร | เ | ด | ◌ิ | น | ท | า | ง | ภ | ธ | ค | แ | ห | ว |
| ธ | ภ | ฟ | ฉ | ข | เ | ถ | แ | ย | ง | ว | ภ | ฝ | ป | ช | ญ |

กิจกรรม
จอย
เพื่อน
ความงาม
ปลายทาง
ความยาก
ทัศนศึกษา
ผิดปกติ
ธรรมชาติ
นำร่อง
ใหม่
โอกาส
อันตราย
การตระเตรียม
ความปลอดภัย
น่าแปลกใจ
ความกล้าหาญ
การเดินทาง

# 51 - Pájaros

| | | | | | | | | | | | | | | | |
|---|---|---|---|---|---|---|---|---|---|---|---|---|---|---|---|
| ค | อ | น | ด | ะ | ด | ศ | ซ | อ | ษ | พ | ป | ไ | ม | ญ | น |
| ท | ◌ู | แ | ค | น | ถ | ษ | ไ | ◌ิ | ช | ง | ต | ก | ว | ผ | ก |
| อ | ช | ธ | ไ | ภ | ป | ล | ว | น | ง | า | น | ◌่ | ข | ไ | ก |
| ง | ภ | ไ | ด | ง | พ | ะ | ◌้ | ท | า | ฟ | ษ | ฉ | ว | ษ | ร |
| ◌ุ | อ | ห | ◌็ | ช | ผ | ก | ก | ร | น | ◌่ | ฟ | แ | บ | ป | ะ |
| ท | ด | เ | ป | ณ | ป | ด | แ | ◌ี | จ | ย | ห | ไ | ฟ | ข | จ |
| ะ | น | ฟ | เ | ค | ข | ษ | ก | อ | จ | ะ | ร | ก | อ | า | อ |
| ร | ผ | ไ | ◌์ | พ | ธ | ศ | น | น | ป | ด | า | แ | ◌ี | ◌่ | ก |
| ก | ร | ะ | ส | า | น | ส | เ | ย | ะ | ด | จ | ก | ก | ว | เ |
| ก | โ | ฉ | ง | ค | ท | ก | ส | ต | ภ | ก | ห | บ | า | ห | ท |
| น | เ | ง | ห | ฉ | ม | ห | ว | ย | ◌่ | ◌ี | ย | ห | เ | เ | ศ |
| ท | ไ | ฟ | ◌ิ | น | ห | ฝ | บ | ◌ิ | น | ก | พ | ◌ิ | ร | า | บ |
| ฟ | บ | ท | ธ | ม | ธ | ณ | ฟ | ผ | น | ส | ต | ฟ | ป | ก | ษ |
| ว | ต | ด | ด | จ | า | น | ก | ก | ร | ะ | ส | า | อ | ก | ร |
| ข | จ | พ | ร | า | ถ | ล | น | พ | ณ | ต | น | ช | ล | น | ฝ |
| ง | ป | ด | ส | ว | ส | ฟ | ฟ | ฝ | ว | ฝ | ต | บ | ฝ | ท | ก |

นกกระจอกเทศ
อินทรี
นกกระสา
หงส์
นกกาเหว่า
อีกา
ฟลามิงโก
ห่าน
กระสา
นางนวล
กระจอก
เหยี่ยว
ไข่
นกแก้ว
นกพิราบ
เป็ด
นกกระทุง
เพนกวิน
ไก่
ทูแคน

# 52 - Geografía

| | | | | | | | | | | | | | | | |
|---|---|---|---|---|---|---|---|---|---|---|---|---|---|---|---|
| ญ | ข | ป | ค | ใ | ธ | ม | ร | จ | ภ | ฉ | ป | ค | า | ว | ถ |
| ท | ว | ◌ี | ป | ต | ช | ธ | ท | ศ | น | า | เ | ม | ◌ี | อ | ง |
| ผ | เ | ภ | ฟ | ◌้ | ผ | ไ | ห | ษ | ย | ฟ | ว | พ | ฝ | ธ | ฝ |
| ง | ส | ◌ู | ม | า | ว | ค | บ | ◌ั | ด | ะ | ร | ย | ท | ข | น |
| ไ | ก | ะ | น | อ | ย | ฉ | ก | ค | ◌ี | ฉ | แ | ค | า | ว | แ |
| ฝ | ณ | ถ | ◌ำ | น | ◌้ | ◌่ | ม | แ | เ | ก | า | ะ | ผ | ฉ | ล |
| ต | ต | ค | น | ◌ี | เ | ป | แ | ซ | ◌ิ | ล | ไ | ข | ค | ณ | ฉ |
| แ | ล | ค | ฝ | ห | ผ | ร | ย | ศ | ร | โ | เ | ว | เ | ต | ย |
| ผ | อ | ะ | ก | เ | ษ | ะ | ฟ | ถ | อ | ด | ส | ช | ย | ◌ู | ไ |
| น | า | ธ | ต | ศ | ข | เ | ธ | จ | ม | บ | ◌้ | ญ | ไ | ค | ภ |
| ท | ณ | ไ | น | ◌ิ | ต | ท | แ | ไ | เ | ส | น | ร | ส | พ | ป |
| ◌ี | า | ธ | ◌ั | ท | จ | ศ | ณ | อ | เ | ก | แ | ณ | ฟ | ว | ญ |
| ◌่ | เ | ท | ว | ป | ม | ◌ู | แ | ถ | ต | ช | ว | บ | น | ผ | ด |
| ค | ข | ผ | ะ | ไ | แ | เ | ด | ธ | ถ | ล | ง | ท | ะ | เ | ล |
| ป | ต | ช | ต | ป | ข | ก | อ | ค | แ | ค | า | ภ | ภ | ย | ษ |
| ภ | ย | ย | ง | ก | ม | ซ | ◌ี | ก | โ | ล | ก | ส | ถ | ถ | ช |

ระดับความสูง
แอตลาส
เมือง
ทวีป
ซีกโลก
เกาะ
ละติจูด
เส้นแวง
แผนที่
ทะเล
เมอริเดียน
ภูเขา
โลก
ทิศเหนือ
ตะวันตก
ประเทศ
ภาค
แม่น้ำ
ใต้
อาณาเขต

# 53 - Música

| | | | | | | | | | | | | | | | |
|---|---|---|---|---|---|---|---|---|---|---|---|---|---|---|---|
| ข | ฝ | ก | ผ | ท | ง | ค | พ | ไ | เ | น | เ | ค | อ | ต | ไ |
| แ | ย | ◌ิ | ท | ส | ◌ำ | ะ | ว | ห | ง | ◌ั | จ | ว | ค | ข | ม |
| ง | ษ | ส | ญ | ◌ึ | ม | น | ว | ท | ร | ก | ศ | า | ท | โ | โ |
| ไ | อ | ส | ฝ | ไ | น | ผ | อ | ก | ช | ด | ข | ม | ย | อ | ค |
| ธ | ม | า | ล | ซ | ฝ | ◌ั | ส | ง | ส | น | เ | ส | ด | ◌๊ | ร |
| อ | ◌ั | ล | บ | ◌ั | ◌้ | ม | บ | า | ว | ต | ล | า | น | ะ | โ |
| โ | เ | ค | น | บ | ด | พ | ต | ร | น | ร | ◌ี | ม | ต | โ | ฟ |
| อ | ป | ล | ด | ◌ั | ต | เ | ด | า | า | ◌ี | ร | ◌ั | ร | อ | น |
| เ | ◌็ | ษ | น | ล | ล | ว | ล | ส | ญ | ก | ◌ิ | ค | ◌ี | ◌่ | ม |
| ป | น | ม | ◌ั | ล | า | ร | ส | า | ไ | ฟ | ค | ค | ว | แ | ไ |
| ร | จ | ล | ก | า | ผ | ษ | ท | ร | ก | ซ | ◌ั | ◌ี | ก | ญ | ง |
| ◌่ | ◌ั | บ | ร | ด | ข | ต | เ | ต | ะ | ต | ล | ห | ท | ร | ง |
| า | ง | ญ | ◌้ | ร | ◌้ | อ | ง | เ | พ | ล | ง | ม | บ | ไ | ซ |
| ส | ห | ก | อ | ซ | ร | ธ | น | ห | ซ | ธ | อ | ด | ป | ฟ | า |
| บ | ว | ภ | ง | ซ | ศ | ธ | ะ | ไ | ภ | ห | ห | ด | ฝ | ด | น |
| ก | ะ | น | ณ | บ | ซ | ภ | ญ | ด | ว | ล | จ | ณ | ณ | ห | บ |

ความสามัคคี
อัลบั้ม
บัลลาด
นักร้อง
ร้องเพลง
คลาสสิก
ผสมผสาน
การบันทึก
โอ๊ะโอ่
ตราสาร
ลีริคัล
ทำนอง
ไมโครโฟน
ดนตรี
นักดนตรี
โอเปร่า
บทกวี
จังหวะ
เป็นจังหวะ

# 54 - Enfermedad

| | | | | | | | | | | | | | | | |
|---|---|---|---|---|---|---|---|---|---|---|---|---|---|---|---|
| เ | ไ | พ | ข | พ | บ | ส | ฝ | ถ | แ | ป | ล | ช | ห | บ | ผ |
| ภ | ร | ซ | ซ | ะ | ธ | ◌ุ | ◌์ | น | ◌ั | พ | ม | ร | ร | ก | ง |
| ป | ◌ู | ◌ี | ข | ษ | จ | ข | โ | ร | ค | ต | ◌ิ | ด | ต | ◌่ | อ |
| ล | ช | ม | ◌้ | ด | น | ภ | ว | ก | เ | ภ | ท | อ | ะ | อ | ◌้ |
| ร | ม | ห | ◌ิ | อ | ธ | า | ล | า | ไ | ะ | ศ | ป | ภ | ◌่ | ท |
| โ | ร | ฉ | ท | แ | ร | พ | ป | ร | ภ | ร | ถ | บ | ท | อ | ถ |
| ะ | ร | า | ท | ด | พ | ◌ั | จ | อ | ◌ู | ◌่ | บ | ก | เ | น | ฝ |
| บ | ก | ค | ส | ต | ส | ◌้ | ง | ◌ั | ม | า | ฟ | ◌ั | ช | แ | ด |
| ล | ธ | ร | ป | เ | แ | ห | ด | ก | ◌ิ | ง | ศ | ว | ฝ | อ | ◌ั |
| ซ | ◌ุ | โ | ฉ | ร | ห | ล | จ | เ | ค | ก | ค | ย | ส | ช | บ |
| ◌ิ | น | อ | ค | า | ะ | ร | ไ | ส | ◌ุ | า | ย | ◌่ | ส | ณ | ◌ำ |
| น | ◌ั | ◌้ | า | ญ | ก | ส | ย | บ | ◌้ | ย | ร | ◌ี | ข | ย | บ |
| โ | พ | ◌ี | บ | ถ | ร | ◌์ | า | บ | ม | ◌ุ | ล | ก | บ | ซ | ร |
| ด | ง | ช | ข | ณ | ร | ห | ห | ท | ก | ถ | ซ | เ | พ | ฝ | า |
| ร | า | เ | ห | ◌ั | ว | ไ | จ | ง | ◌ั | ก | ร | ะ | ด | ◌ู | ก |
| ม | ท | ฉ | ร | ซ | ญ | น | ม | ข | น | ถ | ฉ | ร | จ | พ | ฉ |

ท้อง
ภูมิแพ้
โรคติดต่อ
หัวใจ
เรื้อรัง
ร่างกาย
อ่อนแอ
ทางพันธุกรรม
กรรมพันธุ์
กระดูก
การอักเสบ
ภูมิคุ้มกัน
ลมบาร์
โรคประสาท
เชื้อโรค
เกี่ยวกับปอด
หายใจ
สุขภาพ
ซินโดรม
การบำบัด

# 55 - Actividades

| | | | | | | | | | | | | | | | |
|---|---|---|---|---|---|---|---|---|---|---|---|---|---|---|---|
| ล | ว | เ | ภ | ล | ะ | ฟ | ม | ร | น | ธ | ท | ง | บ | ไ | ข |
| จ | ภ | ค | ง | า | ◌่ | ว | า | ล | ว | เ | ย | ก | ◌ั | ถ | อ |
| เ | ณ | พ | ซ | อ | พ | ถ | ว | ◌์ | ต | ส | ◌ั | า | ◌่ | ล | ษ |
| ษ | ส | ธ | ณ | า | ย | ว | ส | ผ | น | ร | ง | ร | ถ | ป | ส |
| เ | ซ | ร | า | ม | ◌ิ | ก | า | ล | ป | ก | ต | อ | ค | ม | ษ |
| ผ | ◌่ | อ | น | ค | ล | า | ย | ด | ญ | ด | ด | ◌่ | ผ | ษ | ช |
| ข | ส | พ | ธ | ม | ก | ต | ต | ไ | ธ | จ | ◌ี | า | เ | พ | ร |
| ฝ | ถ | ฝ | ร | ง | า | ถ | ซ | ช | เ | ธ | ต | น | ไ | า | ท |
| ะ | ษ | ก | ◌ั | ท | ย | ฉ | ร | ไ | ฉ | ฝ | พ | ก | ◌ิ | ภ | เ |
| ป | ร | ◌ิ | ศ | น | า | น | ว | ส | ◌ำ | ท | ร | า | ก | ย | ก |
| ล | ฉ | ก | ญ | อ | ม | ◌ี | ◌ี | ฝ | น | า | ง | ร | ◌ิ | า | ม |
| ◌ิ | ห | ว | า | า | ข | จ | น | ท | ร | ป | ล | เ | จ | ◌่ | แ |
| ศ | ค | ไ | ะ | ผ | บ | ม | ท | ญ | ภ | ข | ร | ย | ก | ถ | ม |
| ข | เ | ล | ถ | ห | พ | ล | ฝ | จ | ศ | ย | ฟ | ◌็ | ร | ร | ะ |
| ญ | ร | เ | ไ | ะ | ญ | า | ง | อ | บ | ว | ม | บ | ร | า | ป |
| ย | ถ | ท | ม | น | ต | ท | ง | บ | น | ด | บ | ส | ม | ก | ต |

กิจกรรม
ศิลปะ
งานฝีมือ
ล่าสัตว์
เซรามิก
การเย็บ
การถ่ายภาพ
ทักษะ
การทำสวน
เกม
การอ่าน
มายากล
เวลาว่าง
ตกปลา
ภาพวาด
ยินดี
ผ่อนคลาย
ปริศนา
ถัก

# 56 - Verduras

| | | | | | | | | | | | | | | | |
|---|---|---|---|---|---|---|---|---|---|---|---|---|---|---|---|
| บ | ง | ห | ◌ั | ว | ห | อ | ม | แ | แ | น | ฉ | ข | แ | ม | เ |
| จ | ร | ญ | ม | ไ | ย | ห | ง | ศ | ต | ฝ | ด | ต | ค | ะ | ร |
| ภ | ◌ั | อ | ◌ี | ข | เ | ะ | ม | แ | ด | ง | า | เ | ร | เ | ษ |
| ร | ◌่ | ห | ก | ผ | ◌ั | ก | โ | ข | ม | ◌ิ | ก | ฟ | อ | ข | เ |
| ฟ | ฝ | ง | ห | โ | เ | ห | ◌็ | ด | อ | ข | ก | ว | ท | ◌ื | อ |
| ฟ | น | ผ | จ | ย | ค | ข | ซ | ◌ั | า | ◌ึ | ผ | ◌่ | า | อ | ะ |
| พ | ◌ั | ก | แ | ท | ข | ล | ะ | ล | ต | ◌้ | ◌ั | ◌ั | ท | เ | ถ |
| ท | ม | ก | ด | ก | ม | ไ | ◌ี | ส | ◌ิ | น | ว | ถ | ◌้ | ท | ผ |
| ม | ห | ะ | ท | ฉ | ค | ผ | ล | จ | โ | ฉ | ◌ั | ฝ | เ | ศ | ร |
| น | ศ | ไ | ห | อ | บ | ค | ถ | อ | ช | ◌่ | ห | ด | ช | ค | ไ |
| ษ | จ | ว | พ | ป | ง | ท | ป | ภ | ◌๊ | า | น | ฟ | ไ | แ | ห |
| ว | ก | ร | ะ | เ | ท | ◌ี | ย | ม | ค | ย | ฉ | ศ | ว | ญ | ค |
| ผ | ◌ั | ก | ช | ◌ี | ฝ | ร | ◌ั | ◌่ | ง | ส | ฟ | ฉ | ◌ั | บ | อ |
| ห | ช | จ | พ | ช | ช | น | แ | พ | ต | ผ | ค | ฝ | ห | ญ | น |
| ซ | ม | ะ | ก | อ | ก | ห | า | เ | ต | จ | า | ป | ท | ล | ม |
| อ | ซ | ท | ฉ | ไ | า | ช | ต | ม | พ | ย | ว | ย | ฝ | ฝ | ป |

กระเทียม
อาติโช๊ค
ขึ้นฉ่าย
มะเขือ
บรอกโคลี
ฟักทอง
หัวหอม
สลัด
ผักโขม
ถั่ว
ขิง
หัวผักกาด
มะกอก
มันฝรั่ง
แตงกวา
ผักชีฝรั่ง
หัวไชเท้า
เห็ด
มะเขือเทศ
แครอท

# 57 - Instrumentos Musicales

| | | | | | | | | | | | | | | | |
|---|---|---|---|---|---|---|---|---|---|---|---|---|---|---|---|
| ญ | อ | แ | ท | ไ | ษ | ข | ผ | เ | ด | ม | ธ | ห | ฝ | ผ | ฮ |
| ไ | ด | ล | บ | แ | ซ | ค | ล | ฆ | ญ | บ | ข | ธ | เ | ว | า |
| ว | ไ | า | โ | น | ฉ | ฟ | ว | ◌ุ | ◌้ | เ | ม | ไ | บ | ไ | ร |
| โ | ด | ฉ | อ | บ | โ | ค | ว | ะ | ◌่ | อ | ร | ญ | ไ | เ | ◌์ |
| อ | ห | ล | โ | โ | ถ | จ | บ | ท | ห | ย | ง | ฝ | พ | ป | โ |
| ล | ซ | ฉ | ด | ม | แ | ซ | ก | โ | ซ | โ | ฟ | น | ส | ◌ี | ม |
| ◌ิ | ต | ญ | ค | อ | ณ | แ | ท | ม | บ | ◌ู | ร | ◌ี | น | ย | น |
| น | ก | ส | ช | ร | ต | แ | ต | ป | ฉ | ญ | แ | ถ | ค | โ | ◌ิ |
| ธ | ส | ห | บ | ท | ไ | ม | ◌้ | ต | ◌ี | ก | ล | อ | ง | น | ก |
| อ | ช | ช | ด | จ | ช | ญ | แ | ช | ก | ม | โ | ณ | ว | ◌ิ | ◌้ |
| ป | ◌ี | ◌่ | บ | า | ส | ซ | ◌ู | น | ล | า | ล | ไ | ห | ล | า |
| ◌์ | เ | ป | ซ | ค | ะ | ษ | ง | ส | อ | ร | ช | น | ซ | ด | ว |
| ร | ◌์ | า | ต | ◌ี | ก | ด | ร | ท | ง | ◌ิ | เ | ส | ค | โ | น |
| า | ค | ล | า | ร | ◌ิ | เ | น | ◌็ | ต | ม | ธ | ช | ผ | น | ข |
| ฮ | ข | ช | ภ | ษ | ฉ | น | ก | ฉ | พ | บ | ญ | ญ | ฝ | ม | ณ |
| ผ | ณ | ฝ | ธ | เ | บ | ะ | ซ | ร | ย | า | อ | ธ | ห | แ | ศ |

ฮาร์โมนิก้า
ฮาร์ป
แบนโจ
ไม้ตีกลอง
คลาริเน็ต
ปี่บาสซูน
ขลุ่ย
ฆ้อง
กีตาร์
แมนโดลิน
มาริมบา
โอโบ
แทมบูรีน
เปียโน
แซกโซโฟน
กลอง
ทรอมโบน
แตร
ไวโอลิน
เชลโล

# 58 - Flores

| | | | | | | | | | | | | | | | |
|---|---|---|---|---|---|---|---|---|---|---|---|---|---|---|---|
| ด | ม | เ | ด | ม | น | ษ | แ | โ | ษ | ว | ล | ะ | น | ผ | ด |
| ท | า | ฝ | ช | ด | ม | แ | ล | ค | น | ช | ภ | ก | น | ส | อ |
| ค | ◌ิ | ว | ว | ภ | ะ | ย | ◌ี | ล | เ | น | โ | ก | ม | แ | ก |
| ม | พ | ว | เ | ถ | ล | ภ | ◌่ | เ | ล | ◌๋ | ท | บ | ◌้ | ด | ท |
| ◌่ | ◌ุ | จ | ล | ร | ◌ิ | ส | ล | ว | า | ◌ั | เ | ญ | ไ | แ | า |
| ว | ด | ณ | ม | ◌ิ | ◌ี | ม | ◌ิ | อ | เ | ต | ด | ช | ย | แ | น |
| ง | ฟ | แ | แ | ท | ป | อ | ล | ร | ว | บ | ซ | ◌่ | ว | ด | ต |
| ไ | ล | แ | ษ | ง | ซ | ฝ | ง | ◌์ | น | โ | ◌ี | อ | ◌้ | น | ะ |
| ณ | อ | ค | ข | แ | ห | ฟ | บ | ข | เ | ถ | ◌่ | ด | ล | ด | ว |
| พ | ง | ส | น | ษ | ผ | บ | ช | ะ | ด | ง | ฉ | อ | ก | ◌ิ | ◌ั |
| ย | จ | ว | ผ | ข | ป | ◌ี | ◌้ | ป | อ | ◌๊ | ป | ก | ถ | ไ | น |
| ก | ล | ◌ี | บ | า | ล | ห | ◌ุ | ก | ร | ษ | ม | ไ | จ | ล | บ |
| เ | ส | า | ว | ร | ส | ต | ฝ | ฝ | ◌์ | ว | ล | ม | ไ | อ | ข |
| อ | ช | บ | า | ห | ฝ | เ | ไ | ว | ค | ญ | ภ | ◌้ | ค | อ | ะ |
| พ | ล | ณ | ต | ร | ต | ฝ | ฝ | ภ | ช | ย | ศ | ร | ภ | น | ว |
| ช | เ | ฉ | ป | ะ | ล | ป | เ | ส | ช | ฉ | ด | จ | ข | ล | ะ |

ป๊อปปี้
ดาวเรือง
แดนดิไลออน
พุด
ดอกทานตะวัน
ชบา
มะลิ
ลาเวนเดอร์
ม่วง
ลิลลี่
แมกโนเลีย
เดซี่
กล้วยไม้
เสาวรส
โบตั๋น
กลีบ
ช่อดอกไม้
กุหลาบ
โคลเวอร์
ทิวลิป

# 59 - Astronomía

| | | | | | | | | | | | | | | | |
|---|---|---|---|---|---|---|---|---|---|---|---|---|---|---|---|
| ร | ห | ศ | บ | ม | ก | ล | โ | ก | บ | ถ | ช | ศ | ซ | ด | ร |
| ญ | า | อ | ย | ◌์ | ต | ◌ิ | ท | า | อ | ง | ส | แ | ◌ู | า | ◌ั |
| ด | ล | น | ด | ค | ว | ฟ | ณ | แ | ไ | น | ย | ไ | เ | ว | ง |
| ว | ว | ย | ◌ั | ◌ู | า | ท | ร | ล | า | ว | ◌์ | า | ป | เ | ส |
| ร | ◌ิ | ง | ก | ก | ด | ม | ส | ก | ค | ◌ิ | ห | จ | อ | ท | ◌ี |
| จ | บ | ย | จ | ฉ | บ | า | า | ซ | ญ | ษ | ะ | ◌ั | ร | ◌ี | ะ |
| แ | น | แ | ย | ◌ั | จ | ◌ิ | ว | ◌ี | เ | ◌ุ | า | ก | ◌์ | ย | ย |
| ด | เ | ย | ต | จ | น | ฉ | น | ◌่ | ช | ว | ร | ร | โ | ม | น |
| า | ฟ | ◌้ | ง | อ | ◌้ | ท | ห | อ | ม | ◌ั | ค | ว | น | ย | ฟ |
| ภ | ย | ภ | ไ | ห | ว | ก | ร | ญ | ว | ต | เ | า | ว | จ | น |
| า | ณ | ค | ด | ไ | ส | ค | จ | ◌์ | ด | ก | ว | ล | า | อ | ข |
| ร | ก | ไ | ร | ◌์ | ต | ส | า | ศ | า | ร | า | ด | ก | ◌ั | น |
| ค | ร | า | ส | ธ | ก | จ | ศ | ท | บ | แ | ด | ศ | ล | ไ | ฟ |
| แ | ร | ง | โ | น | ◌้ | ม | ถ | ◌่ | ว | ง | ซ | ด | น | ณ | ค |
| ก | ล | ◌ุ | ◌่ | ม | ด | า | ว | ภ | ย | แ | ง | น | ต | พ | น |
| อ | ฝ | อ | ค | ณ | ต | า | า | ถ | ถ | ษ | ไ | ณ | ท | ภ | ท |

นักบินอวกาศ
นักดาราศาสตร์
ท้องฟ้า
จรวด
กลุ่มดาว
คราส
วิษุวัต
กาแลกซี่
แรงโน้มถ่วง
ดวงจันทร์
ดาวตก
เนบิวลา
หอดูดาว
ดาวเคราะห์
รังสี
ดาวเทียม
แสงอาทิตย์
ซุเปอร์โนวา
โลก
จักรวาล

# 60 - Tiempo

| | | | | | | | | | | | | | | | |
|---|---|---|---|---|---|---|---|---|---|---|---|---|---|---|---|
| ป | ฟ | ย | ข | ม | ย | ว | ข | ณ | ฝ | แ | ถ | ต | ล | ด | ซ |
| ด | ร | ข | ธ | ฉ | ส | ป | ท | ท | ณ | จ | ะ | ร | ษ | ข | ศ |
| ษ | ญ | เ | ณ | ณ | ถ | ธ | า | พ | น | ธ | ถ | ฉ | ผ | ถ | ะ |
| ะ | ท | ป | ศ | ะ | ว | ร | ศ | ล | ท | น | ก | ล | ป | ย | จ |
| า | ห | ◌์ | า | ด | ป | ◌ั | ส | ษ | ร | ร | ว | ต | ศ | ฟ | ท |
| ก | ล | า | ง | ค | ◌ื | น | น | ร | เ | ท | ◌ี | ◌่ | ย | ง | ว |
| ◌ิ | ป | ◌้ | ม | ป | ษ | ท | า | ร | ต | ณ | อ | ด | ◌้ | ง | ◌ั |
| ฬ | ร | ช | โ | ◌ี | ท | ◌ิ | ม | ว | ซ | น | า | ท | ◌ี | ศ | น |
| า | ะ | เ | ว | ศ | ผ | ◌ิ | ญ | ศ | อ | ญ | า | ษ | น | เ | น |
| น | จ | ไ | ◌่ | ป | า | ฏ | อ | ท | ญ | ◌่ | อ | ส | น | ด | ◌ี |
| ธ | ◌ำ | ศ | ◌ั | ท | ญ | ป | ก | ◌่ | อ | น | ◌ี | ณ | อ | ◌ี | ◌้ |
| เ | ป | ช | ช | อ | น | า | ค | ต | ด | ภ | ว | ม | ต | อ | ข |
| ฟ | ◌ี | ส | ษ | ซ | ม | ถ | ก | ร | ป | พ | ธ | พ | เ | น | ไ |
| ศ | บ | ภ | น | ต | ษ | ท | ข | ศ | ห | ณ | ณ | ซ | า | ว | ฉ |
| ต | บ | ะ | เ | ล | ม | ฟ | ธ | ภ | ร | ด | ฝ | ไ | ง | ฟ | ก |
| ษ | ฉ | ข | เ | ย | ไ | ซ | ไ | จ | ก | ศ | ข | ฟ | น | ไ | น |

ตอนนี้
ก่อน
ประจำปี
ปี
เมื่อวาน
ปฏิทิน
ทศวรรษ
วัน
อนาคต
ชั่วโมง
วันนี้
เช้า
เที่ยง
เดือน
นาที
ขณะ
กลางคืน
นาฬิกา
สัปดาห์
ศตวรรษ

# 61 - Paisajes

| | | | | | | | | | | | | | | | |
|---|---|---|---|---|---|---|---|---|---|---|---|---|---|---|---|
| ถ | ◌้ | ◌ำ | ก | ก | น | ฉ | ญ | ภ | ป | ญ | พ | ฉ | ต | ไ | เ |
| ร | บ | ฉ | ษ | ด | เ | ไ | ต | ◌ู | า | ฟ | ไ | บ | ม | ศ | ง |
| ท | ◌ุ | น | ด | ร | า | ไ | ป | เ | ก | ไ | ง | ย | ฝ | ท | พ |
| ◌ุ | ด | ข | ร | ด | ง | ห | ค | ข | น | เ | ะ | โ | ค | ค | ห |
| ม | ห | ◌ุ | บ | เ | ข | า | ย | า | ◌้ | ก | ◌์ | อ | ฝ | ม | แ |
| ส | ผ | พ | า | น | ◌็ | ย | น | า | ◌ำ | า | ร | เ | ฝ | ย | ส |
| บ | ธ | ย | ส | ส | แ | า | อ | ◌้ | ช | ะ | อ | อ | ก | น | แ |
| า | ย | ช | ล | บ | ◌ำ | ร | บ | จ | ◌ำ | ผ | ซ | ซ | จ | ถ | ม |
| ค | ห | ญ | เ | ฟ | ◌้ | ท | ไ | ง | ช | ต | เ | ◌ิ | ม | ร | ◌่ |
| ร | บ | น | ะ | ไ | น | ล | ะ | พ | ฉ | ต | ก | ส | ธ | น | น |
| ส | ◌ื | ล | ท | า | ร | เ | ญ | เ | ฉ | ไ | ไ | ย | ค | อ | ◌้ |
| ไ | ง | า | ง | ข | า | ะ | ฝ | ข | ล | ษ | ร | ฝ | จ | ต | ◌ำ |
| ม | า | ก | า | เ | ธ | ท | ข | ค | ะ | ม | ม | ว | ว | ศ | ญ |
| ฝ | ฟ | ◌ู | ภ | ◌ู | เ | ข | า | น | ◌้ | ◌ำ | แ | ข | ◌็ | ง | ท |
| ถ | น | น | ฝ | ภ | อ | ช | ไ | ว | ม | ญ | เ | ม | บ | เ | ด |
| ร | ก | ษ | ก | ไ | ถ | ภ | ป | ส | ค | ผ | ฟ | ะ | จ | แ | บ |

น้ำตก
ถ้ำ
ทะเลทราย
ปากน้ำ
ไกเซอร์
ธารน้ำแข็ง
ภูเขาน้ำแข็ง
เกาะ
ทะเลสาบ
ลากูน
ทะเล
ภูเขา
โอเอซิส
บึง
คาบสมุทร
ชายหาด
แม่น้ำ
ทุนดรา
หุบเขา
ภูเขาไฟ

# 62 - Días y Meses

| | | | | | | | | | | | | | | | |
|---|---|---|---|---|---|---|---|---|---|---|---|---|---|---|---|
| ว | ว | ว | ◌ั | น | พ | ◌ุ | ธ | ษ | ด | า | ร | ด | ห | ผ | ม |
| ธ | ◌ั | ◌ั | ป | ◌ี | อ | เ | ด | ◌ื | อ | น | ค | น | ◌์ | ณ | ส |
| ด | ผ | น | น | ย | า | ษ | ม | เ | ก | ◌ั | น | ย | า | ย | น |
| ว | ธ | ย | อ | อ | ป | ฏ | ◌ิ | ท | ◌ิ | น | ย | า | ด | ร | ส |
| พ | ◌ั | า | ช | ◌ั | า | ซ | า | น | บ | ษ | ธ | ก | ป | ต | ย |
| บ | ศ | น | แ | ว | ง | ท | ย | ผ | ถ | ม | จ | ◌ิ | ◌ั | ฉ | ว |
| ท | ก | ถ | จ | น | บ | ค | ◌ิ | ม | ไ | ย | ห | จ | ส | ก | ◌ั |
| ช | ป | ◌ุ | ไ | ◌ั | ศ | ษ | า | ต | น | ต | ณ | ศ | ส | ศ | น |
| ไ | ฝ | ◌ิ | ด | น | น | ส | า | ร | ย | ห | จ | ฤ | ต | ฉ | พ |
| ห | ค | ม | ฉ | ถ | ป | ท | จ | ภ | ไ | ◌์ | ว | พ | ม | ป | ฤ |
| ท | ค | ฟ | ห | ย | ท | ป | ร | ส | ◌ิ | ง | ห | า | ค | ม | ห |
| ต | ◌ุ | ล | า | ค | ม | ธ | ล | ◌์ | ง | ป | ะ | ม | า | ค | ◌ั |
| ก | ◌ุ | ม | ภ | า | พ | ◌ั | น | ธ | ◌์ | ผ | ว | ถ | ฎ | า | ส |
| ว | ◌ั | น | เ | ส | า | ร | ◌์ | ษ | บ | ฟ | ส | ค | ก | ร | บ |
| ว | ◌ั | น | ศ | ◌ุ | ก | ร | ◌์ | ช | ป | ม | ร | ผ | ร | ก | ด |
| า | ห | เ | บ | พ | ไ | ต | ฝ | ห | ศ | ข | ผ | ด | ก | ม | ◌ี |

เมษายน
สิงหาคม
ปี
ปฏิทิน
วันอาทิตย์
มกราคม
กุมภาพันธ์
วันพฤหัสบดี
กรกฎาคม
มิถุนายน

วันจันทร์
วันอังคาร
เดือน
วันพุธ
พฤศจิกายน
ตุลาคม
วันเสาร์
สัปดาห์
กันยายน
วันศุกร์

# 63 - Biología

| | | | | | | | | | | | | | | | |
|---|---|---|---|---|---|---|---|---|---|---|---|---|---|---|---|
| โ | ว | เ | เ | ช | ◌ี | ◌้ | อ | โ | ร | ค | า | ร | เ | ก | ล |
| ป | อ | ซ | แ | บ | ค | ท | ◌ี | เ | ร | ◌ี | ย | ย | ป | า | ซ |
| ร | ณ | ล | เ | ะ | ญ | ช | ซ | จ | ธ | ค | ห | ถ | ◌็ | ร | ◌ิ |
| ต | น | ล | ซ | ส | อ | ป | ณ | ร | จ | ท | ว | พ | น | ก | ม |
| ◌ี | ก | ◌์ | เ | ส | ◌้ | น | ป | ร | ะ | ส | า | ท | ธ | ล | ไ |
| น | ฉ | ป | ว | ◌ิ | ว | ◌ั | ฒ | น | า | ก | า | ร | ร | า | บ |
| อ | โ | ร | ◌ิ | บ | ม | ◌็ | อ | เ | ะ | เ | ส | โ | ร | ย | โ |
| ภ | ไ | ะ | ค | อ | ล | ล | า | เ | จ | น | า | ค | ม | พ | อ |
| ไ | ธ | ส | ก | ฮ | เ | ไ | ก | ซ | ร | ษ | ย | ร | ช | ◌ั | ซ |
| ม | ะ | า | ป | า | อ | ซ | ห | ท | ช | ◌ี | พ | โ | า | น | ◌ิ |
| ด | ณ | ท | ข | ว | ร | ร | ล | ด | ง | ท | ◌ั | ม | ต | ธ | ส |
| ล | ผ | ฝ | อ | ก | ฝ | ห | ◌์ | ล | ญ | ม | น | โ | ◌ิ | ◌ุ | า |
| เ | อ | น | ไ | ซ | ม | ◌์ | า | โ | ◌์ | ง | ธ | ซ | ญ | ◌์ | ค |
| อ | อ | ส | โ | ม | ซ | ◌ิ | ส | ย | ม | ภ | ◌ุ | ม | ย | ว | ต |
| ไ | ซ | แ | น | ป | ส | ◌์ | ค | ต | ไ | น | ◌์ | ถ | จ | ง | บ |
| า | ศ | ษ | แ | ถ | ษ | ถ | ค | ข | เ | จ | ถ | ะ | า | ช | เ |

แบคทีเรีย
เซลล์
คอลลาเจน
โครโมโซม
เอ็มบริโอ
เอนไซม์
สายพันธุ์
วิวัฒนาการ
ฮอร์โมน
การกลายพันธุ์
เป็นธรรมชาติ
เส้นประสาท
เซลล์ประสาท
ออสโมซิส
เชื้อโรค
พืช
โปรตีน
การหายใจ
ซิมไบโอซิส
ไซแนปส์

# 64 - Chocolate

| | | | | | | | | | | | | | | | |
|---|---|---|---|---|---|---|---|---|---|---|---|---|---|---|---|
| ถ | ก | ฝ | แ | ธ | ะ | ร | ไ | ศ | ก | แ | ช | ฉ | ช | ผ | ค |
| ◌ั | ล | ล | ป | ท | อ | ง | ถ | แ | ห | ผ | ค | ถ | ◌่ | จ | า |
| ◌่ | ◌ิ | ภ | ล | า | ต | ◌ำ | ◌้ | น | ศ | เ | ฟ | ณ | า | อ | ร |
| ว | ◌่ | ◌้ | ก | โ | ก | โ | ศ | ศ | ไ | อ | ฝ | ค | ง | ผ | า |
| ฟ | น | ณ | ไ | ฝ | ล | า | ต | ค | พ | พ | ฉ | พ | ฝ | ง | เ |
| ย | ห | ค | ห | ภ | ต | ข | ไ | ช | ฉ | ด | ฟ | น | ◌ี | ล | ม |
| ล | อ | ช | ม | ข | บ | ส | ท | พ | บ | ต | ก | อ | ม | จ | ล |
| ฝ | ม | ◌่ | ◌่ | ไ | า | ร | ◌ู | า | ษ | ด | า | ธ | ◌ี | ณ | ศ |
| ว | า | ◌้ | ร | พ | ะ | ม | ษ | ต | ษ | จ | พ | น | อ | ญ | ไ |
| ไ | ก | ส | ภ | อ | อ | ส | ข | ถ | ร | ณ | ข | ข | ธ | ส | ญ |
| ซ | ไ | น | ก | ค | ช | ผ | ม | ป | า | อ | ฟ | ป | ย | ผ | ฉ |
| ฉ | ย | ภ | ◌ิ | ฟ | ร | น | ป | บ | ไ | พ | า | ภ | ณ | ◌ุ | ค |
| ไ | ธ | ฉ | น | ศ | ห | ว | จ | ด | ฝ | ห | เ | ห | ค | น | ว |
| ก | ท | ◌ี | ◌่ | ช | ◌ี | ◌่ | น | ช | อ | บ | ว | ป | า | ฉ | ท |
| ร | ส | ช | า | ต | ◌ิ | ส | ญ | ช | เ | ษ | ย | า | จ | ร | ไ |
| ไ | ณ | ท | ภ | ห | แ | ค | ล | อ | ร | ◌ี | ◌่ | ฝ | น | บ | ส |

ขม
กลิ่นหอม
ช่างฝีมือ
น้ำตาล
ถั่ว
โกโก้
คุณภาพ
แคลอรี่
คาราเมล
มะพร้าว
กิน
อร่อย
หวาน
แปลกใหม่
ที่ชื่นชอบ
รส
ส่วนผสม
ผง
สูตรอาหาร
รสชาติ

# 65 - Barbacoas

| | | | | | | | | | | | | | | | |
|---|---|---|---|---|---|---|---|---|---|---|---|---|---|---|---|
| ฤ | ม | ย | ท | ช | ง | ย | ข | า | น | อ | ไ | ร | เ | ฉ | ณ |
| ฟ | ด | ◌ั | ล | ส | ษ | เ | ◌่ | อ | ฝ | า | ส | จ | แ | ซ | า |
| ถ | ซ | ◌ู | ◌ี | อ | ม | ก | ก | า | ซ | ห | ค | ก | บ | พ | ส |
| บ | ท | ย | ร | ส | ป | ม | ไ | า | ง | า | ร | น | ผ | ย | แ |
| ด | ภ | บ | ต | ◌้ | ม | ไ | ล | ผ | ข | ร | อ | ผ | ฝ | ช | ท |
| ส | ง | ย | น | ม | อ | บ | ภ | ห | ช | ก | บ | ก | เ | ว | แ |
| น | ซ | ถ | ด | ะ | ง | น | ย | ว | ค | ล | ค | ต | ฝ | ฝ | ถ |
| ม | จ | ะ | ท | เ | ธ | อ | ไ | ภ | ว | า | ร | ไ | ผ | พ | ะ |
| ต | ไ | ซ | ส | ข | ไ | ◌้ | ธ | ช | า | ง | ◌ั | พ | พ | ป | จ |
| ซ | ฟ | ย | น | ◌ี | พ | ร | ไ | ม | ม | ว | ว | ต | แ | ก | า |
| อ | ก | ว | ฉ | อ | ศ | ร | ป | ช | ห | ◌ั | น | ภ | ศ | ง | ป |
| ส | ผ | ม | ข | เ | ช | อ | ◌ิ | ฉ | ◌ิ | น | อ | ◌่ | ◌ี | พ | เ |
| ผ | ◌ั | ◌ี | ฝ | ท | บ | ษ | ว | ก | ว | ย | พ | ด | ต | จ | ซ |
| ง | ก | ด | ค | ศ | ค | ท | ง | ษ | ไ | เ | ก | ล | ◌ี | อ | ด |
| ห | ◌ั | ว | ห | อ | ม | ศ | ษ | ญ | ด | ท | ไ | ฝ | จ | ผ | ง |
| อ | า | ห | า | ร | เ | ย | ◌็ | น | า | ส | ย | ก | ข | ห | า |

อาหารกลางวัน
เพื่อน
ร้อน
หัวหอม
อาหารเย็น
มีด
สลัด
ครอบครัว
ผลไม้
ความหิว
เกม
ดนตรี
ย่าง
พริกไทย
ไก่
เกลือ
ซอส
มะเขือเทศ
ฤดูร้อน
ผัก

# 66 - Ropa

| | | | | | | | | | | | | | | | |
|---|---|---|---|---|---|---|---|---|---|---|---|---|---|---|---|
| บ | เ | เ | ห | ด | า | ห | ต | ก | ◌็ | เ | ค | ◌็ | จ | แ | ญ |
| ม | ส | ค | ข | ม | ฝ | ล | ข | า | ท | ◌้ | เ | ง | ◌ุ | ถ | า |
| พ | ◌ื | ภ | ย | ◌็ | ว | ภ | ธ | ง | ว | ณ | ณ | ะ | เ | ร | แ |
| ป | ◌้ | ฝ | ◌ื | ไ | ม | ก | พ | เ | ต | ป | ไ | ม | ส | บ | อ |
| ก | อ | ร | น | ไ | ถ | ข | ศ | ก | ป | บ | พ | ธ | ◌ื | น | ร |
| ศ | ร | อ | ส | ธ | ผ | ถ | ◌ั | ง | ะ | จ | ว | แ | ◌้ | ด | อ |
| ค | ว | ะ | ◌์ | ป | ธ | ซ | ถ | ด | ล | ผ | น | ส | อ | ส | ง |
| ณ | น | เ | โ | ร | อ | ง | เ | ท | ◌้ | า | ภ | ร | ค | ผ | เ |
| ป | เ | ฟ | ร | ป | ซ | ช | ษ | า | ห | ว | ด | ◌้ | ล | ◌้ | ท |
| ษ | ป | ย | ธ | ฉ | ร | ล | ด | บ | ต | ถ | ไ | อ | ◌ุ | า | ◌้ |
| ฉ | ฉ | อ | ฟ | ะ | ก | ง | อ | ว | ล | ม | แ | ย | ม | พ | า |
| เ | ส | ◌ื | ◌้ | อ | โ | ค | ◌้ | ท | ล | ข | อ | ค | ห | ◌ั | แ |
| ธ | า | า | ญ | ไ | ไ | ช | ◌ุ | ด | น | อ | น | อ | ด | น | ต |
| ถ | ◌ุ | ง | ม | ◌ื | อ | ช | น | แ | ฟ | ช | ◌ั | ◌่ | น | ค | ะ |
| ส | ศ | ะ | บ | ต | ม | ◌ุ | า | ถ | ฟ | จ | ฝ | อ | ญ | อ | ผ |
| ต | ร | บ | ณ | ท | แ | ด | ถ | พ | ฟ | ร | ภ | ญ | ศ | ต | ท |

เสื้อโค้ท
ผ้าพันคอ
ถุงเท้า
เสื้อ
แจ็คเก็ต
เข็มขัด
สร้อยคอ
กระโปรง
ถุงมือ
ยีนส์
แฟชั่น
กางเกง
ชุดนอน
รองเท้าแตะ
หมวก
เสื้อคลุม
ชุด
รองเท้า

# 67 - Meditación

| | | | | | | | | | | | | | | | |
|---|---|---|---|---|---|---|---|---|---|---|---|---|---|---|---|
| อ | ห | ป | ส | บ | ส | ก | ง | ข | ช | ไ | ล | ภ | ด | ค | ค |
| ถ | ฟ | ร | ษ | ง | พ | า | ภ | ต | ◌ิ | น | ◌ั | ส | น | ว | ว |
| ะ | ว | บ | ญ | า | บ | ร | ก | ค | ร | ซ | ข | ก | ต | า | า |
| ล | อ | ข | ฝ | ม | ษ | เ | า | จ | ย | ต | ะ | ศ | ร | ม | ม |
| อ | า | ร | ม | ณ | ◌์ | ค | ร | ย | ค | ต | ◌ิ | ป | ◌ี | ส | เ |
| บ | ข | ก | ญ | ธ | ค | ล | ส | ก | ไ | ว | ต | ญ | ส | ◌ุ | ม |
| ◌ั | ม | ค | ◌ู | ฟ | ว | ◌ี | ◌ั | า | ไ | บ | า | ะ | ไ | ข | ต |
| ร | พ | ฝ | ญ | ษ | า | ◌่ | ง | ร | น | บ | ช | ม | พ | บ | ต |
| ม | แ | ไ | ◌ั | ก | ม | อ | เ | ห | ว | ส | ม | ย | ค | ถ | า |
| อ | ◌ุ | ห | ต | ล | ส | น | ก | า | า | ล | ร | ง | ต | ◌ิ | จ |
| ย | ร | ม | ก | ถ | น | ไ | ต | ย | ศ | า | ร | ค | เ | อ | ด |
| ร | ร | ณ | ม | ซ | ไ | ห | ข | ไ | พ | ถ | ธ | ฝ | เ | ศ | น |
| า | ด | ว | า | อ | จ | ว | ด | จ | ห | ผ | ร | พ | ธ | ส | ศ |
| ก | น | ฉ | ว | แ | ง | า | ท | า | ◌่ | ท | ษ | ข | ว | ไ | ผ |
| ธ | า | ร | ค | ไ | ค | ว | า | ม | เ | ง | ◌ี | ย | บ | ภ | ม |
| ล | ถ | ฟ | ไ | จ | ค | ว | า | ม | ช | ◌ั | ด | เ | จ | น | ฝ |

การยอมรับ
ความสนใจ
ความเมตตา
สงบ
ความชัดเจน
อารมณ์
ความสุข
ความกตัญญู
จิต
ใจ
การเคลื่อนไหว
ดนตรี
ธรรมชาติ
การสังเกต
สันติภาพ
ความคิด
มุมมอง
ท่าทาง
การหายใจ
ความเงียบ

# 68 - Café

| | | | | | | | | | | | | | | | |
|---|---|---|---|---|---|---|---|---|---|---|---|---|---|---|---|
| เ | ท | ค | ก | ศ | ถ | ม | ค | ฉ | า | ะ | ข | ผ | ข | ช | ร |
| เ | ช | ค | า | ค | า | ร | ร | ฝ | แ | ง | า | ณ | ท | ป | ส |
| ค | ◌ำ | ◌้ | น | เ | ม | ไ | ◌ี | ย | ช | ห | ม | ข | ภ | ศ | ช |
| ร | บ | ข | า | ถ | ฟ | ล | ม | อ | ห | น | ◌่ | ◌ิ | ล | ก | า |
| ◌ี | ร | ซ | ณ | ไ | ค | อ | น | ไ | ด | ษ | ◌ี | ฉ | า | ช | ต |
| ◌่ | ช | ร | ต | ไ | ว | ข | ◌ี | ญ | ด | ไ | ท | ค | ต | ช | ◌ิ |
| อ | ษ | ย | ห | ธ | า | ไ | อ | น | ล | ไ | ป | ท | ◌ำ | จ | ส |
| ง | ด | ◌ี | ◌่ | ม | ม | ว | ข | ง | อ | ร | ก | ซ | ◌้ | ห | ฝ |
| ด | ท | ถ | ง | ข | ห | ท | บ | ด | เ | ไ | ว | ป | น | ถ | ฝ |
| ◌ี | ซ | ฟ | ง | ธ | ล | จ | ไ | ร | ซ | ห | ญ | ะ | ธ | ต | ร |
| ◌่ | ศ | ถ | ก | ล | า | ซ | ผ | ต | อ | น | ล | ย | ฟ | ท | ข |
| ม | ท | ม | ล | ด | ก | น | า | ต | ล | ด | ย | ว | ถ | ด | ง |
| ศ | ง | ศ | ซ | ภ | ห | ส | ธ | ฉ | ล | ง | ภ | ◌้ | ท | ป | ซ |
| ส | ค | ห | ห | ธ | ล | บ | ท | ย | ษ | ผ | ไ | ถ | ภ | ข | ถ |
| ส | ◌ี | ด | ◌ำ | จ | า | ศ | ะ | ก | ฝ | ง | ไ | ข | ก | ม | ด |
| ฝ | ส | พ | ร | ญ | ย | ษ | ซ | แ | ก | ณ | ซ | ผ | พ | ถ | ณ |

น้ำ
ขม
กลิ่นหอม
น้ำตาล
ดื่ม
เครื่องดื่ม
คาเฟอีน
ครีม
กรอง
นม
ของเหลว
เช้า
บด
สีดำ
ที่มา
ราคา
รสชาติ
ถ้วย
ความหลากหลาย

# 69 - Libros

| | | | | | | | | | | | | | | | |
|---|---|---|---|---|---|---|---|---|---|---|---|---|---|---|---|
| บ | ณ | ภ | ร | ซ | ศ | ร | ษ | ฝ | ป | ต | ะ | ฉ | ข | ณ | ◌ี |
| ร | ม | พ | ะ | ฐ | ค | ง | ห | ม | ร | ร | ก | ณ | ร | ร | ว |
| ◌ิ | ร | ก | ษ | ◌์ | บ | ผ | ธ | บ | ะ | ค | ต | ล | ก | ไ | ก |
| บ | ฉ | ค | ะ | ษ | ง | ม | ท | พ | ว | ว | ห | ล | ภ | ต | ท |
| ท | ถ | ะ | น | ◌ิ | พ | า | พ | ซ | ◌ั | า | ผ | น | บ | ว | บ |
| ต | ข | ป | น | ด | ◌ุ | ช | ค | พ | ต | ม | ◌ู | อ | ◌้ | ภ | ป |
| อ | น | า | ถ | ะ | ย | ง | ญ | ล | ◌ิ | เ | ◌้ | ล | า | า | น |
| ผ | ◌ู | ◌้ | บ | ร | ร | ย | า | ย | ศ | ป | อ | ก | พ | ข | ◌ิ |
| ฉ | ง | ภ | ถ | ป | ะ | ◌ั | ม | า | า | ◌็ | ◌่ | ผ | จ | ล | ย |
| ไ | ศ | พ | ศ | ษ | ม | ภ | ว | ห | ส | น | า | ว | น | ก | า |
| ผ | ช | พ | ไ | ส | า | ญ | ร | ง | ต | ค | น | บ | จ | น | ย |
| ค | ะ | ษ | ม | จ | พ | จ | ณ | ต | ร | ◌ู | ป | ฟ | ค | ค | ณ |
| ถ | า | ห | ษ | ช | แ | ผ | ศ | ศ | ◌์ | ◌่ | ษ | ล | ว | ◌ำ | ง |
| อ | ธ | จ | ฝ | ฟ | เ | ร | ผ | ◌ู | ◌้ | เ | ข | ◌ี | ย | น | ข |
| ฝ | ฝ | ซ | า | ฉ | ภ | า | เ | ร | ◌ี | ◌่ | อ | ง | ร | า | ว |
| เ | ข | ◌ี | ย | น | ด | ก | ร | ช | จ | ม | ค | เ | ถ | ญ | ร |

ผู้เขียน
การผจญภัย
ชุด
บริบท
ความเป็นคู่
เขียน
เรื่องราว
ประวัติศาสตร์
ตลก
ประดิษฐ์

ผู้อ่าน
วรรณกรรม
ผู้บรรยาย
นิยาย
คำ
หน้า
กลอน
บทกวี
อนาถ

# 70 - Los Medios de Comunicación

| | | | | | | | | | | | | | | | |
|---|---|---|---|---|---|---|---|---|---|---|---|---|---|---|---|
| ข | ท | ย | า | ข | ◌่ | อ | ◌ี | ร | ค | เ | ะ | ล | ฝ | ก | ส |
| ศ | ฉ | ม | ษ | ฝ | ◌้ | โ | ท | ร | ท | ◌ั | ศ | น | ◌์ | า | า |
| แ | น | น | ข | ณ | เ | อ | ช | น | ล | พ | ถ | น | ผ | ร | ธ |
| ฉ | ป | ฉ | ช | ศ | ฉ | ภ | เ | ◌ุ | ด | ษ | จ | ธ | แ | ส | า |
| ก | บ | ฝ | ธ | ว | ซ | า | พ | ท | ล | จ | ณ | ง | ภ | ◌ี | ร |
| ผ | า | ◌ั | ห | ฉ | บ | พ | น | ถ | ◌็ | ร | ะ | ด | ผ | ◌่ | ณ |
| ซ | ณ | ร | บ | ข | พ | ถ | ฟ | า | ญ | จ | ข | ม | ญ | อ | ะ |
| ข | ษ | เ | ศ | อ | บ | ◌่ | อ | ธ | ธ | น | จ | ร | น | ส | จ |
| ผ | ฆ | ไ | ส | ◌ื | ร | า | ส | ย | ต | ◌ิ | น | ร | ถ | า | ส |
| อ | โ | บ | ศ | ด | ก | ย | ◌ุ | ท | ◌ิ | ว | ธ | ก | ◌ิ | ร | ต |
| เ | ก | แ | แ | น | ย | ษ | ห | ล | ค | น | ฉ | ห | ◌่ | ง | ◌ิ |
| ด | ◌ิ | จ | ◌ิ | ท | ◌ั | ล | า | ะ | น | อ | ด | า | ง | ห | ป |
| ค | ว | า | ม | เ | ห | ◌็ | น | ษ | ศ | ไ | แ | ส | อ | ต | ◌ั |
| พ | ◌์ | ม | พ | ◌ิ | อ | ส | ◌ี | ง | ◌ั | น | ห | ต | ◌้ | ห | ญ |
| น | ธ | ย | ฉ | ษ | ธ | ไ | อ | เ | ท | เ | อ | ◌ุ | ท | ข | ญ |
| อ | อ | น | ไ | ล | น | ◌์ | ค | ห | ช | ร | ญ | อ | ต | ฟ | า |

ทัศนคติ
โฆษณา
การสื่อสาร
ดิจิทัล
ฉบับ
การศึกษา
ออนไลน์
ทุน
ภาพถ่าย
ข้อเท็จจริง
อุตสาหกรรม
สติปัญญา
ท้องถิ่น
ความเห็น
หนังสือพิมพ์
สาธารณะ
วิทยุ
เครือข่าย
นิตยสาร
โทรทัศน์

# 71 - Nutrición

| | | | | | | | | | | | | | | | |
|---|---|---|---|---|---|---|---|---|---|---|---|---|---|---|---|
| จ | า | ช | จ | ส | ด | ป | ต | ธ | ง | ฝ | ก | อ | น | ฉ | ไ |
| บ | ญ | น | ค | อ | ข | ซ | ส | ต | ง | ถ | ย | ภ | ด | ฝ | ส |
| ค | บ | ม | ค | ป | ◌่ | ◌ี | ร | อ | ล | ค | แ | ไ | ท | ป | า |
| น | ว | ◌ิ | น | ม | ห | เ | ซ | ร | ส | อ | ซ | ษ | า | ธ | น |
| ◌้ | ร | า | ห | า | อ | ร | า | ส | ◌ุ | บ | ข | เ | ม | เ | ญ |
| ◌ำ | ร | ต | ม | พ | ม | ◌ี | ไ | ถ | ข | ค | ◌ุ | ณ | ภ | า | พ |
| ห | ส | ◌ิ | ข | ก | ง | ย | ไ | พ | ภ | ส | ฉ | ร | ส | ม | ว |
| น | ช | ว | ส | ◌ั | ร | ล | ง | ช | า | ส | ม | ด | ◌ุ | ล | ส |
| ◌ั | า | ไ | ผ | ม | แ | ะ | อ | า | พ | ท | ฝ | ป | ม | ท | ผ |
| ก | ต | ค | เ | ห | ง | น | ห | า | ฉ | ษ | ม | ส | เ | ซ | ฝ |
| ว | ◌ิ | ม | ฝ | ร | ◌็ | ไ | น | า | ห | ก | ◌ิ | น | ไ | ด | ◌้ |
| ย | ช | เ | ฉ | า | ข | ษ | ห | ซ | ย | า | ฝ | พ | ะ | ท | ซ |
| ด | ข | ฝ | ะ | ก | แ | แ | ส | ธ | ม | ไ | ร | บ | ท | ป | ก |
| ห | ค | า | ร | ◌์ | โ | บ | ไ | ฮ | เ | ด | ร | ต | ก | ฉ | า |
| โ | ป | ร | ต | ◌ี | น | ก | า | ร | ย | ◌่ | อ | ย | พ | ด | ษ |
| ป | ธ | ศ | พ | ย | ย | า | ฝ | ส | ท | ฝ | ต | ช | ภ | ต | ห |

ขม
ความกระหาย
คุณภาพ
แคลอรี่
คาร์โบไฮเดรต
ซีเรียล
กินได้
อาหาร
การย่อย
สมดุล
การหมัก
สารอาหาร
น้ำหนัก
โปรตีน
รสชาติ
ซอส
สุขภาพ
แข็งแรง
พิษ
วิตามิน

# 72 - Edificios

| | | | | | | | | | | | | | | | |
|---|---|---|---|---|---|---|---|---|---|---|---|---|---|---|---|
| ด | ผ | ไ | ค | โ | ห | ส | ท | ◌ี | ◌่ | พ | ◌ั | ก | บ | จ | ส |
| ถ | ถ | ร | ไ | ร | แ | น | ฝ | จ | น | ว | ฝ | ษ | เ | จ | ถ |
| ศ | ด | ล | ป | ง | ฟ | า | ม | ถ | ย | ญ | ท | ฝ | จ | ป | า |
| ษ | ภ | ะ | ศ | ล | จ | ม | ป | ◌้ | ไ | ช | บ | ◌้ | า | น | น |
| บ | ส | ศ | ถ | ะ | พ | ก | ษ | ฟ | เ | ร | ษ | ไ | ะ | โ | ท |
| ห | ไ | ไ | ม | ค | า | ◌ี | ส | ธ | อ | ท | ผ | ฝ | ล | ร | ◌ู |
| พ | ◌้ | ท | ร | ร | แ | ฬ | ค | ว | ค | ซ | ◌์ | ถ | จ | ง | ต |
| ◌ิ | โ | า | แ | ผ | ล | า | บ | า | ย | พ | ง | ร | โ | น | อ |
| พ | ร | ส | ง | ผ | ซ | ฉ | ท | ด | โ | ป | เ | ง | า | า | ศ |
| ◌ิ | ง | า | ร | ฟ | ฝ | ณ | น | ◌ู | ร | ะ | ข | ร | จ | พ | ะ |
| ธ | เ | ร | โ | ไ | า | ค | ฉ | ด | ง | ไ | ว | โ | ภ | ว | อ |
| ภ | ร | ป | ค | ฟ | ร | ร | อ | อ | ง | ช | ง | บ | ย | ฝ | ค |
| ◌ั | ◌ี | ไ | ณ | ศ | แ | ฟ | ◌์ | ห | า | ไ | ม | ย | ฝ | ป | ณ |
| ณ | ย | ไ | ผ | ไ | ป | า | ย | ม | น | ถ | ธ | า | ผ | ข | ร |
| ฑ | น | ไ | ห | อ | ค | อ | ย | ไ | ท | ช | แ | อ | จ | พ | บ |
| ◌์ | ย | ป | ซ | โ | ร | ง | ภ | า | พ | ย | น | ต | ร | ◌์ | ถ |

ที่พัก
อพาร์ทเม้น
ห้าง
บ้าน
ปราสาท
โรงภาพยนตร์
สถานทูต
โรงเรียน
สนามกีฬา
โรงงาน
โรงรถ
โรงนา
ฟาร์ม
โรงพยาบาล
โรงแรม
พิพิธภัณฑ์
หอดูดาว
โรงละคร
หอคอย

# 73 - Océano

| | | | | | | | | | | | | | | | |
|---|---|---|---|---|---|---|---|---|---|---|---|---|---|---|---|
| ฝ | ฟ | ร | ม | ส | ฉ | ซ | ง | ต | ป | ป | ท | า | อ | ย | ศ |
| ป | อ | ส | ถ | ข | ะ | า | ษ | ป | ย | ล | ล | แ | ช | ะ | ก |
| ล | ง | ถ | ย | ซ | จ | ษ | ร | ส | บ | น | า | า | ว | ไ | ก |
| า | น | ห | ฉ | ห | ฝ | จ | ย | จ | ษ | ฉ | ธ | ไ | ษ | ท | ◌ุ |
| โ | ◌้ | เ | ด | อ | ข | ป | ◌ู | เ | ธ | ฟ | ฟ | ด | ห | ค | ◌้ |
| ล | ◌ำ | ง | ซ | ย | ฝ | ส | ฝ | ภ | ก | ห | ล | ผ | เ | ล | ง |
| ม | า | ล | ฉ | น | ฉ | ฉ | แ | ฟ | ห | ล | บ | ไ | ญ | ณ | ผ |
| า | เ | ถ | ถ | า | ล | ห | ะ | ◌ี | า | แ | ◌ื | ศ | ไ | ข | ษ |
| า | ร | พ | จ | ง | ส | า | ห | ร | ◌่ | า | ย | อ | ค | น | ภ |
| พ | ◌ี | ศ | ก | ร | ศ | น | ◌ุ | ร | พ | ะ | ก | ง | ม | แ | ภ |
| ด | อ | ร | ด | ม | ม | ◌่ | ย | ป | ะ | ก | า | ร | ◌ั | ง | ไ |
| อ | ซ | ห | ธ | ม | ไ | ◌ู | า | แ | เ | ต | ◌่ | า | แ | ถ | ช |
| า | ข | เ | ง | ซ | ศ | ท | พ | ว | ช | ณ | ห | ซ | ไ | ธ | พ |
| ม | ญ | ว | ณ | ฝ | ณ | ฉ | น | า | น | ด | ศ | ะ | ค | ย | ข |
| ด | ศ | ไ | ณ | ถ | ส | อ | แ | ฬ | ง | ฟ | ค | ซ | ช | แ | บ |
| ไ | ก | น | ◌้ | ◌ำ | ข | ◌ึ | ◌้ | น | น | ◌้ | ◌ำ | ล | ง | ล | ย |

สาหร่าย
ปลาไหล
รีฟ
ทูน่า
วาฬ
เรือ
กุ้ง
ปู
ปะการัง
ปลาโลมา
ฟองน้ำ
น้ำขึ้นน้ำลง
แมงกะพรุน
หอยนางรม
ปลา
เกลือ
ฉลาม
พายุ
เต่า

# 74 - Ciudad

| | | | | | | | | | | | | | | | |
|---|---|---|---|---|---|---|---|---|---|---|---|---|---|---|---|
| ร | ◌้ | า | น | ห | น | ◌ั | ง | ส | ◌ื | อ | เ | ต | ต | ส | ง |
| ส | ว | น | ส | ◌ั | ต | ว | ◌์ | ต | ด | เ | ฝ | ฟ | ร | น | ถ |
| ม | ษ | ก | ะ | น | แ | ก | ค | ล | ฉ | ฟ | บ | ฉ | ◌้ | า | ง |
| แ | ห | ด | น | ย | ◌ี | ร | เ | ง | ร | โ | ก | ข | า | ม | ส |
| ก | ก | า | พ | ◌ิ | พ | ◌ิ | ธ | ภ | ◌ั | ณ | ฑ | ◌์ | น | ก | ป |
| แ | ถ | ล | ว | น | ◌ิ | บ | ม | า | น | ส | น | ห | อ | ◌ี | น |
| ด | บ | ต | เ | ◌ิ | ไ | ล | ท | อ | า | ษ | ศ | ไ | า | ฟ | ณ |
| ว | ง | ก | แ | ล | ท | ษ | ค | ต | ◌้ | น | ธ | น | ห | า | เ |
| ข | เ | ณ | บ | ก | อ | ย | ต | ญ | ร | ร | า | ค | า | น | ธ |
| ผ | ศ | ข | ม | บ | ว | ร | า | ย | ม | ร | แ | ง | ร | โ | ท |
| แ | ถ | า | ไ | ะ | ภ | ส | ◌ี | ล | ห | ะ | ล | ก | ค | ธ | ศ |
| ห | ◌้ | อ | ง | ส | ม | ◌ุ | ด | ◌่ | ◌ั | บ | ถ | ฉ | ะ | ค | น |
| เ | บ | เ | ก | อ | ร | ◌ี | ◌่ | ม | ท | ย | ม | บ | ล | ธ | ไ |
| จ | ท | ร | ◌้ | า | น | ข | า | ย | ย | า | ร | ธ | ง | ฝ | ช |
| โ | ร | ง | ภ | า | พ | ย | น | ต | ร | ◌์ | ษ | ด | ร | ต | พ |
| ด | อ | ก | ไ | ม | ◌้ | ด | ◌ี | พ | ไ | ก | ต | ว | โ | ย | จ |

สนามบิน
ธนาคาร
ห้องสมุด
โรงภาพยนตร์
คลินิก
โรงเรียน
สนามกีฬา
ร้านขายยา
ดอกไม้ดี
แกลเลอรี่
โรงแรม
ร้านหนังสือ
ตลาด
พิพิธภัณฑ์
เบเกอรี่
ร้านอาหาร
โรงละคร
ร้าน
มหาวิทยาลัย
สวนสัตว์

# 75 - Agronomía

| | | | | | | | | | | | | | | | |
|---|---|---|---|---|---|---|---|---|---|---|---|---|---|---|---|
| อ | า | ห | า | ร | เ | ช | ต | ซ | แ | ณ | เ | ภ | ม | เ | น |
| ฉ | ต | ง | ส | ฝ | ล | ก | ั | ผ | ร | ก | ข | ษ | น | ร | ิ |
| ร | ษ | ถ | ซ | ษ | ก | น | ษ | ง | ซ | ซ | ข | ะ | ค | ี | เ |
| ม | ไ | ไ | ช | า | ฉ | ม | เ | ต | ไ | ไ | ย | ท | เ | ย | ว |
| ญ | ร | เ | ล | อ | ไ | ณ | ซ | ผ | ร | เ | ซ | ป | ส | น | ศ |
| พ | ล | ั | ง | ง | า | น | ม | ภ | จ | ก | ล | ช | อ | ภ | ว |
| จ | ล | ร | ย | ั | ่ | ง | ย | ื | น | ซ | ร | ช | เ | บ | ิ |
| ภ | พ | ่ | เ | ม | ล | ็ | ด | ร | ว | เ | ธ | ร | ะ | ข | ท |
| ม | ซ | อ | ห | ฉ | ญ | ย | ด | ไ | ญ | ศ | อ | ฝ | ม | ด | ย |
| ฟ | ะ | น | ส | ป | ค | ์ | ป | ผ | ซ | ช | ง | ไ | ฟ | ม | า |
| ศ | ป | ภ | เ | า | ง | ร | ะ | บ | บ | ป | ง | ธ | ซ | ล | น |
| ศ | ณ | ธ | ล | ม | ว | ี | โ | ณ | ด | ะ | ุ | ค | ธ | พ | ้ |
| ญ | ว | ไ | ณ | ไ | ง | ท | บ | น | ช | ี | พ | ๋ | ฉ | ิ | ำ |
| อ | ข | ษ | ณ | อ | ไ | น | ท | ไ | ผ | น | ท | ถ | ย | ษ | บ |
| เ | ล | ร | า | ไ | ต | ิ | ล | ผ | ร | า | ก | ฟ | ม | ม | ด |
| ษ | ไ | จ | จ | ไ | ม | อ | ล | ้ | ด | ว | แ | ง | ่ | ิ | ส |

เกษตรกรรม
น้ำ
อาหาร
มลพิษ
นิเวศวิทยา
พลังงาน
โรค
ร่อน
เรียน
ปุ๋ย
สิ่งแวดล้อม
อินทรีย์
พืช
การผลิต
ชนบท
เมล็ด
ระบบ
ยั่งยืน
ผัก

# 76 - Ingeniería

| | | | | | | | | | | | | | | | |
|---|---|---|---|---|---|---|---|---|---|---|---|---|---|---|---|
| ค | ไ | เ | ค | ร | ◌ี | ◌่ | อ | ง | จ | ◌ั | ก | ร | ม | ฝ | ภ |
| ว | ห | ไ | น | อ | ◌่ | ◌ี | ล | ค | เ | ร | า | ก | ◌ุ | ร | ญ |
| า | แ | ช | ก | ก | ม | ช | ส | ค | ป | แ | ข | ไ | ม | ษ | ซ |
| ม | ผ | ก | แ | ถ | แ | ป | ษ | ไ | พ | จ | ช | ฝ | บ | ว | เ |
| ล | น | า | ง | ง | ◌ั | ล | พ | ต | ข | อ | ง | เ | ห | ล | ว |
| ◌ื | ภ | ร | า | า | ถ | ภ | ธ | ◌์ | ม | ค | ส | แ | ย | ถ | ค |
| ก | า | ค | ◌้ | แ | ร | ง | ค | น | ด | ◌ั | ว | ร | า | ก | ว |
| อ | พ | ◌ำ | ร | า | ท | ◌้ | ฉ | ย | เ | น | ย | พ | จ | แ | า |
| ณ | เ | น | ส | ร | ไ | ไ | ส | ง | ฟ | โ | ะ | ฝ | ะ | ร | ม |
| ซ | า | ว | ง | ส | ด | ด | ด | อ | ถ | ย | ซ | ถ | ร | ง | ม |
| แ | ว | ณ | ร | ฉ | ซ | ◌ี | ช | ◌่ | ◌่ | ก | ป | ร | ก | ข | ◌ั |
| พ | ศ | า | ค | ย | ญ | เ | ช | ◌ี | ค | ก | า | ไ | ร | ◌ั | ◌่ |
| ซ | ธ | ม | โ | ภ | า | ซ | ไ | ร | ห | ศ | ร | ฟ | า | บ | น |
| ฝ | ษ | ฟ | ก | ท | ญ | ล | ไ | ค | ม | ด | อ | า | ก | ศ | ค |
| ฝ | น | า | ท | ด | ย | ◌ี | ส | เ | ง | ร | แ | ล | ก | ช | ง |
| ะ | ค | ต | ท | น | ง | ไ | ว | แ | ก | ญ | ต | ด | ส | ย | ฝ |

มุม
การคำนวณ
การก่อสร้าง
แผนภาพ
ดีเซล
การกระจาย
แกน
พลังงาน
ความมั่นคง
โครงสร้าง
แรงเสียดทาน
แรง
ของเหลว
เครื่องจักร
การวัด
เครื่องยนต์
การเคลื่อนไหว
คันโยก
ความลึก
แรงขับ

# 77 - Comida #1

| | | | | | | | | | | | | | | | |
|---|---|---|---|---|---|---|---|---|---|---|---|---|---|---|---|
| ภ | ม | ม | แ | บ | ซ | ญ | ย | า | ป | ส | อ | น | พ | ผ | ล |
| เ | า | พ | ะ | ร | ห | โ | ว | พ | บ | ฝ | ฝ | ◌้ | ห | ◌ั | ษ |
| ล | น | พ | า | ล | ว | ป | แ | ล | ด | อ | ฝ | ◌ำ | ภ | ก | ษ |
| ณ | ◌่ | ◌ื | า | ต | ฝ | ธ | ไ | ป | ฝ | ข | ก | ต | ด | โ | เ |
| บ | ◌ู | ข | ◌้ | ก | ร | ะ | เ | ท | ◌ี | ย | ม | า | ศ | ข | ค |
| ร | ท | ณ | ส | อ | ย | ฟ | ก | ซ | ท | ช | น | ล | ซ | ม | ช |
| ห | บ | ซ | ล | ร | ะ | ซ | ถ | ฟ | ป | เ | ผ | ญ | ต | ◌ุ | เ |
| ซ | ◌ั | ต | ◌ั | อ | ท | ฟ | ต | ช | พ | บ | ย | ป | ะ | พ | ป |
| ผ | เ | ว | ด | ภ | ต | ผ | ฟ | บ | ท | อ | ร | ค | แ | ผ | ช |
| ถ | ถ | า | ห | เ | ก | ล | ◌ื | อ | ษ | ต | ◌์ | น | ◌ิ | ม | ะ |
| ล | ม | น | ห | อ | ง | ว | ว | ช | ม | ง | พ | ญ | พ | ย | ค |
| ก | ย | ะ | ต | ะ | ม | ซ | ถ | ท | ต | ฟ | แ | า | ก | ม | ก |
| ห | ล | ม | ส | ฉ | ป | ห | ◌ั | ว | ผ | ◌ั | ก | ก | า | ด | บ |
| น | ◌้ | ◌ำ | ผ | ล | ไ | ม | ◌้ | ล | พ | ช | ◌ู | ย | พ | ท | ฝ |
| บ | า | ร | ◌์ | เ | ล | ◌่ | ย | ◌์ | ไ | ท | ล | ม | พ | ณ | ไ |
| ข | ฝ | ห | ฟ | ไ | ฟ | แ | า | จ | อ | ก | น | ล | น | ม | ก |

กระเทียม
โหระพา
ทูน่า
น้ำตาล
กาแฟ
อบเชย
เนื้อ
บาร์เล่ย์
หัวหอม
สลัด
ผักโขม
น้ำผลไม้
นม
มะนาว
มินต์
หัวผักกาด
ลูกแพร์
เกลือ
ซุป
แครอท

# 78 - Antigüedades

| | | | | | | | | | | | | | | | |
|---|---|---|---|---|---|---|---|---|---|---|---|---|---|---|---|
| ท | แ | ท | ร | ช | ย | แ | ส | ไ | ผ | ส | ค | ท | เ | ก | ผ |
| ฟ | อ | ศ | ท | ก | ธ | เ | ก | ษ | ศ | ล | ฉ | น | ฟ | า | า |
| ย | ฟ | ว | ซ | ข | ญ | ย | ห | ล | ◌ู | ม | ะ | ร | ป | ร | พ |
| อ | ว | ร | ส | พ | ผ | ห | ร | ร | เ | ฟ | ณ | ะ | ธ | ล | ญ |
| พ | ส | ร | พ | ซ | น | ร | ◌ู | ◌์ | ◌ี | ล | ฝ | ท | ด | ง | ญ |
| ห | ร | ษ | แ | ก | ◌่ | ไ | ป | อ | ค | ย | อ | ช | ซ | ท | ไ |
| ก | ด | ภ | ป | ใ | ไ | ะ | แ | จ | ฉ | ◌ุ | ญ | ร | ง | ◌ุ | เ |
| ศ | อ | ผ | บ | ร | ป | ช | บ | เ | ง | ย | ณ | ศ | ◌ี | น | ง |
| ต | ◌ิ | ก | ป | ด | ◌ิ | ผ | บ | น | ◌่ | ห | ภ | ภ | ฝ | ◌่ | ◌ี |
| ว | ภ | ม | ร | ร | ก | า | ม | ◌ิ | ต | ะ | ร | ป | า | อ | ◌่ |
| ร | ข | ป | เ | ส | ญ | ◌่ | ษ | ◌์ | แ | ศ | ต | ญ | ◌่ | พ | อ |
| ร | ช | แ | ส | ต | า | ค | า | ร | ก | ฟ | า | ป | ง | ฟ | น |
| ษ | อ | ท | ศ | ◌ิ | ล | ป | ะ | อ | ต | แ | ผ | ษ | ส | จ | ไ |
| ณ | อ | ◌้ | ฟ | ◌ู | น | ◌้ | ◌ี | ฟ | ร | า | ก | ย | ศ | ว | ข |
| ร | อ | ด | ย | เ | ณ | ญ | พ | เ | ค | ท | ห | ม | ภ | ก | ส |
| ะ | ท | ฉ | า | พ | ล | ไ | ท | ถ | ย | ว | ย | ไ | น | ถ | ฟ |

ศิลปะ
แท้
คุณภาพ
เงื่อนไข
ตกแต่ง
ทศวรรษ
สง่า
ประติมากรรม
รูปแบบ
แกลเลอรี่
ผิดปกติ
การลงทุน
เหรียญ
เฟอร์นิเจอร์
ราคา
การฟื้นฟู
ศตวรรษ
ประมูล
ค่า
แก่

# 79 - Literatura

| | | | | | | | | | | | | | | | |
|---|---|---|---|---|---|---|---|---|---|---|---|---|---|---|---|
| ป | ป | ก | ค | า | ป | ษ | อ | อ | บ | ท | ส | ร | ◌ุ | ป | จ |
| ษ | ร | ย | ช | ป | ไ | ฝ | แ | ไ | ะ | ณ | ษ | ก | ◌ั | ล | ◌ั |
| ผ | ะ | ร | ส | ย | า | ธ | พ | ว | ย | น | ข | ฉ | ฟ | ว | ง |
| ผ | เ | ส | ◌ั | ม | ผ | ◌ั | ส | บ | า | ย | า | ย | ◌ิ | น | ห |
| ผ | ภ | ไ | อ | ป | ป | ภ | ช | ล | ย | ฝ | ภ | ล | ห | ล | ว |
| ธ | ท | จ | ว | อ | ◌ี | ป | ง | เ | ร | ค | ป | บ | ◌็ | ส | ะ |
| ม | ◌ี | ก | า | ร | ว | ◌ิ | เ | ค | ร | า | ะ | ห | ◌์ | อ | ม |
| ผ | ธ | ม | ข | ว | ก | ภ | ล | ล | บ | ม | ซ | ภ | ค | จ | ก |
| ญ | ห | ช | ศ | ค | ท | ส | จ | อ | ◌้ | ป | บ | ไ | ว | พ | ฉ |
| ห | ป | ค | อ | ผ | บ | ถ | อ | ข | ◌ู | ◌ุ | ธ | เ | า | ะ | า |
| บ | ท | พ | ◌ู | ด | ส | ง | ม | ฝ | ผ | อ | บ | ห | ม | ซ | ผ |
| ช | ◌ี | ว | ป | ร | ะ | ว | ◌ั | ต | ◌ิ | ◌ำ | บ | ก | เ | ถ | ศ |
| ก | ผ | ◌ู | ◌้ | เ | ข | ◌ี | ย | น | อ | ค | ะ | ร | ห | ด | ค |
| ศ | ล | ร | ◌ู | ป | แ | บ | บ | ษ | เ | ต | ฟ | ก | ◌็ | ล | ล |
| น | ด | อ | เ | ร | ◌ี | ◌่ | อ | ง | เ | ล | ◌่ | า | น | ฟ | ญ |
| แ | จ | ด | น | โ | ศ | ก | น | า | ฏ | ก | ร | ร | ม | ง | ไ |

อะนาล็อก
การวิเคราะห์
ผู้เขียน
ชีวประวัติ
บทสรุป
ลักษณะ
บทพูด
รูปแบบ
ประเภท
คำอุปมา
ผู้บรรยาย
เรื่องเล่า
นิยาย
ความเห็น
กลอน
บทกวี
สัมผัส
จังหวะ
ธีม
โศกนาฏกรรม

# 80 - Química

| | | | | | | | | | | | | | | | |
|---|---|---|---|---|---|---|---|---|---|---|---|---|---|---|---|
| ค | อ | ◌ุ | ณ | ห | ภ | ◌ู | ม | ◌ิ | ไ | ง | น | ไ | า | ฉ | ข |
| ข | ว | ด | ณ | น | ช | ซ | ซ | พ | อ | อ | น | ภ | ช | ย | ข |
| น | ล | า | ง | จ | ค | ง | น | ภ | อ | า | อ | น | ไ | ผ | ผ |
| ซ | ห | ค | ม | เ | ก | พ | ส | ◌๊ | ก | แ | บ | อ | ก | จ | ง |
| ห | เ | ไ | ต | ร | ะ | ร | า | ช | ซ | ร | ◌์ | ร | น | อ | ต |
| ง | ง | ส | จ | ด | ◌้ | ไ | จ | ง | ◌ิ | ต | ร | ต | ◌ั | ร | ◌ั |
| ร | อ | ณ | แ | โ | ข | อ | ส | ญ | เ | ด | า | ก | ห | า | ว |
| เ | ข | ศ | ง | ฮ | ช | ล | น | า | จ | ไ | ค | ล | ◌ำ | ณ | เ |
| ง | ก | เ | จ | ไ | ผ | ◌ุ | ะ | ต | น | ฟ | ท | ◌็ | ◌้ | จ | ร |
| ล | ม | ล | ป | ฏ | ◌ิ | ก | ◌ิ | ร | ◌ิ | ย | า | เ | น | ไ | ◌่ |
| แ | ค | เ | ◌ี | ธ | พ | ล | โ | ล | ห | ะ | ข | ◌ิ | ◌ี | ฟ | ง |
| ม | ณ | ผ | ณ | อ | ด | เ | ส | ห | ษ | ด | ก | อ | ร | ว | ด |
| ร | ธ | ะ | ะ | ซ | น | ม | ช | ช | อ | ◌่ | ร | ต | อ | ก | ซ |
| ย | ญ | บ | ท | ย | ะ | โ | ข | ร | ต | า | ด | ไ | ล | น | ท |
| น | ◌ิ | ว | เ | ค | ล | ◌ี | ย | ร | ◌์ | ง | ส | ธ | ค | ว | า |
| ล | เ | ฟ | เ | อ | น | ไ | ซ | ม | ◌์ | ด | น | ะ | ห | ล | น |

ด่าง
กรด
ความร้อน
คาร์บอน
ตัวเร่ง
คลอรีน
อิเล็กตรอน
เอนไซม์
แก๊ส
ไฮโดรเจน
ไอออน
ของเหลว
โลหะ
โมเลกุล
นิวเคลียร์
ออกซิเจน
น้ำหนัก
ปฏิกิริยา
เกลือ
อุณหภูมิ

# 81 - Gobierno

| | | | | | | | | | | | | | | | |
|---|---|---|---|---|---|---|---|---|---|---|---|---|---|---|---|
| ณ | ง | อ | ◌ี | ม | เ | ร | า | ก | ง | แ | น | ฟ | ไ | ไ | พ |
| า | เ | น | ต | ไ | า | ณ | ด | ห | ม | ค | ◌ำ | พ | ◌ู | ด | ล |
| ค | ง | ◌ุ | ร | ◌ั | ฐ | ธ | ร | ร | ม | น | ◌ู | ญ | ส | พ | เ |
| พ | แ | ส | ภ | ภ | ญ | ท | ม | แ | อ | ม | ส | ณ | ศ | ม | ร |
| พ | ต | า | ย | ไ | เ | ะ | ร | ส | ◌ิ | อ | ล | ษ | ท | ง | ◌ี |
| ศ | ◌ิ | ว | า | ต | ข | เ | ร | ซ | ร | ศ | ม | น | แ | ธ | อ |
| เ | า | ร | ม | ศ | ไ | แ | ธ | ะ | ◌ั | ะ | ฝ | ว | อ | ช | น |
| ถ | ช | ◌ี | ห | ว | ล | ป | ต | ต | ฐ | ล | ษ | เ | ง | บ | ส |
| ห | บ | ย | ฎ | ค | ง | น | ◌ิ | แ | ◌ุ | ส | ◌ิ | ท | ธ | ◌ิ | บ |
| ป | ◌ั | ◌์ | ก | บ | ศ | ษ | ◌ุ | ธ | น | ล | า | ต | ผ | ข | เ |
| ร | ด | ว | อ | ฟ | ท | อ | ย | ◌่ | า | ง | า | ญ | ห | ธ | ส |
| ะ | ะ | ผ | ห | ค | ร | ถ | ม | น | บ | ช | พ | ก | ไ | ศ | ร |
| เ | ร | ร | ท | น | ป | ร | า | พ | ภ | ค | ะ | ณ | า | ผ | ◌ี |
| ท | ม | พ | ศ | ศ | ◌้ | จ | ว | จ | เ | ณ | แ | ร | จ | ร | ภ |
| ศ | ป | ถ | ณ | ช | า | า | ค | เ | จ | ฝ | ร | ย | ป | ธ | า |
| ค | ว | า | ม | เ | ส | ม | อ | ภ | า | ค | ศ | ร | ไ | ธ | พ |

พลเรือน
รัฐธรรมนูญ
ประชาธิปไตย
สิทธิ
คำพูด
อย่าง
เขต
รัฐ
ความเสมอภาค
อิสระ
ตุลาการ
ความยุติธรรม
กฎหมาย
เสรีภาพ
หัวหน้า
อนุสาวรีย์
ระดับชาติ
ประเทศ
การเมือง

# 82 - Creatividad

| | | | | | | | | | | | | | | | |
|---|---|---|---|---|---|---|---|---|---|---|---|---|---|---|---|
| ภ | น | ภ | เ | ะ | ก | ค | ก | ส | ไ | พ | ด | ป | ร | จ | ล |
| ไ | ท | ◌ิ | ถ | ก | ส | ว | า | ถ | ว | ต | ร | ร | ก | ◌ิ | น |
| ภ | า | พ | ม | ว | ศ | า | ร | แ | จ | ต | า | ะ | ส | น | ฝ |
| ร | ช | า | ค | ◌ิ | ษ | ม | แ | ◌้ | ฉ | ซ | ม | ด | ช | ต | ท |
| พ | ◌ี | ภ | ส | ด | ต | ร | ส | ท | เ | ไ | ◌่ | ◌ิ | ไ | น | ะ |
| ญ | ร | ย | ด | ณ | ม | ◌ู | ด | แ | ◌ั | จ | า | ษ | ก | า | แ |
| ล | ป | ญ | ก | ไ | ส | ◌้ | ง | ธ | ซ | ก | ว | ฐ | อ | ก | ร |
| ห | ป | อ | ไ | ค | ะ | ส | อ | ศ | ณ | ภ | ษ | ◌์ | า | า | ง |
| ไ | ด | ง | บ | ถ | ช | ◌ึ | อ | ณ | ก | บ | ะ | ะ | ร | ร | บ |
| อ | บ | ณ | ภ | ง | ท | ก | ก | ษ | ข | ซ | จ | า | ม | ศ | ◌ั |
| เ | ค | ว | า | ม | เ | ข | ◌้ | ม | ข | ◌้ | น | ซ | ณ | ◌ิ | น |
| ด | ค | ว | า | ม | ช | ◌ั | ด | เ | จ | น | ษ | จ | ◌์ | ล | ด |
| ◌ี | ษ | ค | ว | า | ม | ป | ร | ะ | ท | ◌ั | บ | ไ | จ | ป | า |
| ย | โ | ด | ย | ธ | ร | ร | ม | ช | า | ต | ◌ิ | ช | ง | ะ | ล |
| พ | ล | ◌ั | ง | ค | ส | ค | ค | ร | ษ | ป | ไ | า | ณ | ส | ไ |
| ง | ว | เ | ร | ญ | า | ร | ษ | ร | ภ | ฝ | บ | ย | ก | ญ | จ |

ศิลปะ
แท้
ความชัดเจน
ดราม่า
อารมณ์
โดยธรรมชาติ
การแสดงออก
ไหล
ทักษะ
ไอเดีย
ภาพ
จินตนาการ
ความประทับใจ
แรงบันดาลใจ
ความเข้มข้น
ปรีชา
ประดิษฐ์
ความรู้สึก
นิมิต
พลัง

# 83 - Filantropía

| | | | | | | | | | | | | | | | |
|---|---|---|---|---|---|---|---|---|---|---|---|---|---|---|---|
| ค | ร | ก | ท | า | ป | ต | ฝ | บ | บ | น | ค | ◌้ | ◌ุ | ผ | ม |
| ว | ล | พ | ว | เ | ร | ◌้ | ก | ร | น | ช | ว | า | ย | เ | น |
| า | ด | ต | ษ | ผ | ะ | อ | จ | ◌ิ | ก | ร | า | ภ | จ | ห | ◌ุ |
| ม | ว | ญ | พ | ว | ว | ง | ข | จ | พ | ท | ม | ค | พ | บ | ษ |
| เ | ธ | ะ | ช | ว | ◌ั | ก | ย | า | ท | ด | ซ | ะ | ก | ง | ย |
| อ | ภ | ฝ | ญ | น | ต | า | ล | ค | ศ | ภ | ◌ี | ต | ก | ไ | ช |
| ◌ี | แ | ร | ภ | ช | ◌ิ | ร | ะ | โ | ภ | ย | ◌่ | ช | พ | ไ | า |
| ◌้ | ล | ก | ค | พ | ศ | ก | ล | ไ | ว | ด | อ | บ | ศ | ซ | ต |
| อ | บ | ห | ก | ด | า | ช | ฝ | ป | ธ | ◌่ | ส | อ | ม | ญ | ◌ิ |
| อ | ะ | ซ | อ | ต | ส | ถ | ไ | ต | พ | อ | ◌ั | ณ | จ | ไ | ธ |
| า | ณ | ย | ง | ก | ต | ซ | ภ | ◌ิ | ง | ว | ต | ท | พ | ญ | ญ |
| ท | ร | ไ | ท | ห | ร | ด | ภ | ด | น | ล | ย | แ | ห | ธ | ส |
| ร | า | ท | ◌ุ | ภ | ◌์ | ว | ถ | ต | ภ | ค | ◌์ | ถ | ไ | แ | อ |
| จ | ธ | ญ | น | ช | ม | ◌ุ | ช | ◌่ | โ | ป | ร | แ | ก | ร | ม |
| ก | า | ร | ก | ◌ุ | ศ | ล | ภ | อ | ก | า | ร | เ | ง | ◌ิ | น |
| ไ | ส | ก | ล | ◌ุ | ◌่ | ม | เ | ป | ◌้ | า | ห | ม | า | ย | ศ |

การกุศล
ชุมชน
ติดต่อ
บริจาค
การเงิน
กองทุน
ความเอื้ออาทร
ผู้คน
ทั่วโลก
กลุ่ม
ประวัติศาสตร์
ความซื่อสัตย์
มนุษยชาติ
เยาวชน
เป้าหมาย
ภารกิจ
ต้องการ
โปรแกรม
สาธารณะ

# 84 - Clima

| | | | | | | | | | | | | | | | |
|---|---|---|---|---|---|---|---|---|---|---|---|---|---|---|---|
| ซ | ค | ฉ | ล | ฟ | ก | ผ | ธ | จ | ม | ช | พ | บ | พ | อ | พ |
| แ | ล | ◌้ | ง | พ | ◌้ | ไ | ย | ค | ล | า | ว | ด | ◌์ | ◌ุ | ไ |
| ร | ธ | ไ | ศ | า | ก | า | ย | ร | ร | บ | ณ | โ | ภ | ณ | ว |
| จ | แ | ษ | ส | ด | ต | ผ | ร | ต | จ | บ | ป | า | ง | ห | น |
| บ | ฟ | ห | แ | ห | ◌้ | ง | ส | ◌้ | อ | ะ | ศ | น | ค | ภ | ล |
| เ | ◌์ | ม | ว | ท | ◌่ | ◌ำ | ◌้ | น | อ | ซ | ◌ี | ร | บ | ◌ู | ม |
| ม | ร | อ | น | ม | ร | ส | ◌ุ | ม | ต | ง | ก | ◌์ | ส | ม | ส |
| ศ | า | ก | า | อ | พ | า | ภ | ส | ภ | ก | ฝ | อ | ฝ | ◌ิ | ป |
| น | ล | ว | ศ | อ | ◌้ | ญ | ห | ข | ล | ฟ | ด | ท | ค | ซ | ผ |
| ณ | พ | ว | ท | า | ไ | ร | จ | ย | ภ | ◌้ | ◌ุ | ◌ุ | ร | ไ | ท |
| ส | โ | น | ห | ด | บ | ธ | ต | ง | ฟ | า | ผ | ย | ม | บ | ◌้ |
| ไ | ไ | ผ | ญ | ศ | ญ | ข | ช | ข | ต | ผ | ผ | า | า | ก | อ |
| น | ◌้ | ◌ำ | แ | ข | ◌็ | ง | ห | ศ | เ | ◌่ | ส | พ | ว | พ | ง |
| ก | เ | ษ | ห | บ | ด | แ | ษ | จ | ม | า | ล | เ | เ | ข | ฟ |
| ง | ฉ | ต | ค | ห | ศ | ภ | ษ | ล | ส | ค | ม | ฟ | ภ | ช | ◌้ |
| พ | า | ย | ◌ุ | เ | ฮ | อ | ร | ◌ิ | เ | ค | น | ส | ฝ | ถ | า |

บรรยากาศ
บรีซ
ท้องฟ้า
สภาพอากาศ
น้ำแข็ง
พายุเฮอริเคน
น้ำท่วม
มรสุม
หมอก
คลาวด์
โพลาร์
ฟ้าผ่า
แห้ง
แล้ง
อุณหภูมิ
พายุ
พายุทอร์นาโด
เขตร้อน
ฟ้าร้อง
ลม

# 85 - Comida #2

| | | | | | | | | | | | | | | | |
|---|---|---|---|---|---|---|---|---|---|---|---|---|---|---|---|
| ข | ◌้ | า | ว | ไ | ข | ม | ฉ | ย | ญ | า | ป | ส | ง | ด | อ |
| เ | ม | แ | พ | ก | ฟ | น | ธ | ร | จ | ค | บ | เ | ฉ | อ | ◌ั |
| ช | ะ | ง | อ | ◌่ | ท | ณ | ม | ถ | ต | ฉ | ข | ◌ิ | ง | ก | ล |
| อ | เ | พ | ล | ป | ม | ด | ฝ | ป | ช | ญ | น | ม | ข | ท | ม |
| ร | ข | ซ | ล | ษ | เ | น | ฟ | ฝ | ◌ั | ข | น | ะ | ◌ื | า | อ |
| ◌์ | ◌ี | ด | ษ | เ | า | ป | ก | ไ | ห | ง | อ | เ | ◌้ | น | น |
| ร | อ | ช | แ | ด | ล | น | ◌ิ | ส | ณ | ป | อ | ข | น | ต | ด |
| ◌ี | เ | ล | ◌ี | า | ส | ว | า | ◌้ | ข | ด | ก | ◌ื | ฉ | ะ | ◌์ |
| ◌่ | ท | ห | ข | ส | ป | ส | ป | ล | ล | ษ | ค | อ | ◌่ | ว | ว |
| ษ | ศ | ด | า | ไ | ย | ณ | ฉ | ล | ญ | ะ | ช | ง | า | ◌ั | อ |
| ค | ไ | ะ | ก | ◌ี | ว | ◌ี | ◌่ | ศ | ษ | ถ | ◌๊ | พ | ย | น | ท |
| อ | ง | ◌ุ | ◌่ | น | ◌้ | ย | ช | ◌็ | อ | ค | โ | ก | แ | ล | ต |
| ช | น | ง | ต | ย | ล | ะ | ล | ก | แ | ง | ◌ิ | ถ | ไ | ว | ข |
| ม | ไ | น | ร | า | ก | บ | ว | ณ | ถ | ค | ต | ธ | ธ | ข | ค |
| ป | ข | โ | ย | เ | ก | ◌ิ | ร | ◌์ | ต | แ | า | ต | ญ | ข | ญ |
| ค | ◌่ | ด | ท | ส | ช | า | ค | ข | อ | ะ | อ | ย | ย | ว | ภ |

อาติโช๊ค
อัลมอนด์
ขึ้นฉ่าย
ข้าว
มะเขือ
เชอร์รี่
ช็อคโกแลต
ดอกทานตะวัน
ไข่
ขิง
กีวี่
แอปเปิ้ล
ขนมปัง
กล้วย
ไก่
ชีส
มะเขือเทศ
ข้าวสาลี
องุ่น
โยเกิร์ต

# 86 - Arte

| | | | | | | | | | | | | | | | |
|---|---|---|---|---|---|---|---|---|---|---|---|---|---|---|---|
| เ | ร | ญ | ซ | ย | ส | ภ | ม | ซ | ท | ค | ฟ | ษ | ว | ณ | ภ |
| ด | เ | า | ฟ | น | ร | ◌์ | ต | ส | า | ศ | ย | ต | ◌ิ | ถ | ส |
| ช | ข | ร | ญ | ล | ◌้ | ด | ก | ะ | ล | ค | ภ | า | พ | ะ | จ |
| ส | อ | อ | ◌ี | บ | า | ษ | ซ | ◌ี | ◌่ | อ | ส | ◌ั | ต | ย | ◌์ |
| ◌ี | ◌่ | ย | า | ◌่ | ง | อ | ส | ล | ง | ธ | ก | ณ | ฉ | ต | ป |
| ร | ว | ว | พ | ฟ | อ | ป | ◌่ | ธ | ภ | ข | ศ | อ | บ | ศ | ร |
| ฝ | ฉ | ก | น | น | ผ | ง | ว | ต | ◌้ | น | ฉ | บ | ◌ั | บ | ะ |
| ซ | ซ | า | ท | ต | ช | ด | น | ซ | ห | อ | ท | ศ | ฟ | ส | ต |
| ก | บ | ร | ถ | บ | ◌ั | า | ป | า | ว | ซ | า | ะ | อ | ณ | ◌ิ |
| ม | ช | แ | ผ | ฉ | ไ | ว | ร | ะ | ษ | ◌้ | ย | ◌์ | ศ | ด | ม |
| ย | ณ | ส | ต | ฉ | จ | พ | ะ | ด | ห | บ | ษ | ณ | ง | ด | า |
| ณ | ธ | ด | พ | ไ | ฝ | า | ก | ค | ซ | ◌ั | จ | ม | ซ | ฉ | ก |
| ร | ณ | ง | ร | ศ | ะ | ภ | อ | ท | ธ | ซ | อ | ร | ศ | จ | ร |
| ว | อ | อ | ร | ผ | ง | ไ | บ | ว | า | ด | ภ | า | พ | ย | ร |
| ไ | ข | อ | ส | ◌ั | ญ | ล | ◌ั | ก | ษ | ณ | ◌์ | อ | ย | ไ | ม |
| ข | ย | ก | เ | ซ | ร | า | ม | ◌ิ | ค | ด | ธ | แ | ง | ไ | ถ |

เซรามิค
ซับซ้อน
ส่วนประกอบ
สร้าง
ประติมากรรม
การแสดงออก
ซื่อสัตย์
อารมณ์
ต้นฉบับ
ส่วนตัว
ภาพวาด
บทกวี
วาดภาพ
ง่าย
สัญลักษณ์
สถิติยศาสตร์
เรื่อง
ภาพ

# 87 - Diplomacia

| | | | | | | | | | | | | | | | |
|---|---|---|---|---|---|---|---|---|---|---|---|---|---|---|---|
| ค | ค | ม | น | ◌ุ | ษ | ย | ธ | ร | ร | ม | ไ | ค | ห | ไ | ส |
| ไ | ว | ว | ด | ย | ◌ี | อ | เ | ะ | ล | ม | า | ว | ค | ว | ษ |
| ไ | ว | า | า | ษ | ก | ร | ◌ึ | ป | ◌่ | ◌ี | ท | า | ภ | ว | ญ |
| ย | อ | ษ | ม | ม | ย | ◌ั | ภ | ด | อ | ล | ป | ม | า | ว | ค |
| ะ | ร | า | ค | ร | ข | ส | บ | ไ | ณ | า | ศ | ซ | จ | ส | ส |
| ศ | ช | ภ | พ | ห | ◌่ | ◌ั | ต | ท | ง | บ | น | ◌ื | ร | ถ | น |
| ศ | เ | ผ | ส | ย | ด | ว | ด | ส | เ | ฐ | ถ | ◌่ | ◌ิ | า | ธ |
| น | ช | ไ | ห | ฟ | ง | แ | ม | แ | ม | ◌ั | ค | อ | ย | น | ◌ิ |
| ไ | ◌ั | ช | ษ | เ | อ | ท | ด | ม | ย | ร | ข | ส | ธ | ท | ส |
| า | ไ | ก | ท | ไ | ◌ี | ผ | ฟ | ย | ◌ี | ◌้ | ร | ◌ั | ร | ◌ู | ◌ั |
| น | ล | ช | ก | ง | ม | เ | น | เ | แ | อ | ง | ต | ร | ต | ญ |
| ษ | ม | ◌ุ | ถ | า | เ | ญ | ญ | ญ | น | ห | ถ | ย | ม | น | ญ |
| ษ | ข | ม | แ | ถ | ร | อ | ย | ◌่ | า | ง | ผ | ◌์ | ธ | ช | า |
| บ | ด | ช | ต | ณ | า | ท | ส | า | ร | ล | ะ | ล | า | ย | ค |
| แ | ะ | น | ศ | ห | ก | ะ | ◌ู | ซ | ย | ย | ฉ | ะ | ญ | บ | ม |
| พ | พ | ข | ษ | ภ | ธ | ย | ไ | ต | ◌ิ | า | ช | ง | า | ◌่ | ต |

ที่ปรึกษา
ชุมชน
ความขัดแย้ง
ความร่วมมือ
นักการทูต
อย่าง
สถานทูต
ต่างชาติ
จริยธรรม
รัฐบาล
มนุษยธรรม
ภาษา
ความซื่อสัตย์
การเมือง
ความละเอียด
ความปลอดภัย
สารละลาย
สนธิสัญญา

# 88 - Herboristería

| | | | | | | | | | | | | | | | |
|---|---|---|---|---|---|---|---|---|---|---|---|---|---|---|---|
| เ | ย | ก | ซ | ส | ท | ร | ซ | ภ | ด | ศ | พ | ษ | ร | ล | ไ |
| ม | ผ | ไ | เ | ผ | ท | ป | า | ง | ถ | ช | ฟ | ไ | บ | า | อ |
| ◌็ | ป | ข | ม | ษ | ง | ค | ศ | ไ | ร | ถ | ฟ | ถ | ไ | เ | ณ |
| ด | ช | ซ | ภ | อ | ผ | ซ | ด | ษ | น | ว | ส | ถ | น | ว | ร |
| ย | ษ | ศ | ศ | ต | ◌้ | ม | ไ | ก | อ | ด | ศ | พ | ถ | น | อ |
| ◌ี | ม | ย | ◌ี | ท | เ | ะ | ร | ก | ก | น | ญ | ท | ค | เ | น |
| ◌่ | ร | ส | ฉ | ถ | ญ | ป | ค | ว | า | ร | ภ | ฉ | ไ | ด | น |
| ห | แ | ฝ | ผ | ◌ั | ก | ช | ◌ี | ฝ | ร | ◌ั | ◌่ | ง | โ | อ | ห |
| ร | จ | อ | ค | น | ป | อ | เ | ส | ◌์ | ◌่ | ม | ค | ร | ร | อ |
| ◌่ | โ | ว | ◌ุ | ด | ว | ล | ต | ห | ร | ฝ | ◌ิ | ฟ | ส | ◌์ | ม |
| า | ◌์ | ด | ณ | ท | ษ | ◌่ | ◌ู | ธ | า | า | น | ร | แ | แ | พ |
| ญ | ร | เ | ภ | ซ | ห | ส | ส | ก | ท | ◌้ | ต | ส | ม | ผ | ณ |
| ร | า | ห | า | อ | ◌ำ | ท | ร | า | ก | ญ | ◌์ | ช | ร | ษ | ะ |
| ะ | ม | า | พ | ะ | ร | ห | โ | ม | ข | ห | ซ | า | ◌ี | ณ | ศ |
| ผ | ◌ั | ก | ช | ◌ี | ล | า | ว | ย | ◌ี | ข | เ | ต | ◌่ | ง | ท |
| ม | จ | ม | ง | ง | ต | ช | เ | ก | ป | ว | ง | ◌ิ | แ | ป | ป |

กระเทียม
โหระพา
หอม
หญ้าฝรั่น
คุณภาพ
การทำอาหาร
ผักชีลาว
ทาร์รากอน
ดอกไม้
เม็ดยี่หร่า
ส่วนผสม
สวน
ลาเวนเดอร์
มาร์โจแรม
มินต์
ผักชีฝรั่ง
ปลูก
โรสแมรี่
รสชาติ
เขียว

# 89 - Energía

| | | | | | | | | | | | | | | | |
|---|---|---|---|---|---|---|---|---|---|---|---|---|---|---|---|
| ค | ช | ด | ฉ | อ | ฉ | ด | เ | บ | แ | ส | ป | ต | เ | ย | ค |
| ฝ | ว | ร | ป | ต | ถ | ง | ว | ษ | ญ | บ | ส | ป | เ | เ | ม |
| ง | อ | า | ป | ◌่ | ศ | ล | ท | ง | ป | ไ | อ | น | ◌้ | ◌ำ | า |
| พ | ◌ุ | ไ | ม | ◌ี | ส | ◌ิ | ด | ษ | อ | ถ | แ | ฟ | ษ | ญ | ฝ |
| ฟ | ต | ฮ | ล | ร | ะ | พ | แ | ษ | ช | า | ◌้ | ฟ | ฟ | ไ | ว |
| ก | ส | โ | ฝ | อ | ◌้ | เ | ท | ◌ี | ป | ร | ท | โ | น | อ | เ |
| ค | า | ด | น | ต | ถ | อ | น | ไ | ป | ก | ต | ◌ิ | แ | ม | เ |
| า | ห | ร | ผ | เ | ค | ◌้ | น | ม | ล | พ | ◌ิ | ษ | ต | พ | ค |
| ร | ก | เ | ไ | ต | ห | ◌ี | ม | โ | ก | ค | ถ | ค | ล | ย | ษ |
| ◌์ | ร | จ | ณ | บ | ล | ช | ด | ด | ฟ | ต | แ | ห | ผ | อ | ◌์ |
| บ | ร | น | ผ | แ | ง | เ | ษ | ฉ | ถ | ต | ด | ◌ี | เ | ซ | ล |
| อ | ม | ข | ก | ◌ั | ง | ห | ◌ั | น | ธ | า | อ | เ | ล | ด | อ |
| น | น | ซ | ◌ิ | น | บ | เ | น | ม | ◌ั | ◌ำ | ◌้ | น | ศ | พ | ม |
| เ | ค | ร | ◌ี | ◌่ | อ | ง | ย | น | ต | ◌์ | ะ | ะ | ไ | ผ | ษ |
| อ | ◌ิ | เ | ล | ◌็ | ก | ต | ร | อ | น | ด | ญ | ฉ | ณ | ไ | ภ |
| น | ◌ิ | ว | เ | ค | ล | ◌ี | ย | ร | ◌์ | ว | ว | ฝ | ธ | ธ | ค |

แบตเตอรี่
ความร้อน
คาร์บอน
เชื้อเพลิง
มลพิษ
ดีเซล
อิเล็กตรอน
ไฟฟ้า
เอนโทรปี
โฟตอน
น้ำมันเบนซิน
ไฮโดรเจน
อุตสาหกรรม
เครื่องยนต์
นิวเคลียร์
ทดแทน
ดวงอาทิตย์
กังหัน
ไอน้ำ
ลม

# 90 - Insectos

| | | | | | | | | | | | | | | | |
|---|---|---|---|---|---|---|---|---|---|---|---|---|---|---|---|
| ผ | ค | น | น | ไ | ผ | ธ | ท | บ | ม | ไ | เ | ป | แ | ญ | ร |
| ถ | ข | ร | ย | ถ | ฟ | ผ | ร | ณ | ไ | ศ | พ | า | ม | น | ล |
| ช | เ | ช | ษ | เ | ถ | ญ | ◌ี | ฝ | ห | ภ | ล | ท | ล | ญ | ร |
| ณ | แ | ต | ญ | ญ | ห | อ | ฟ | เ | บ | ช | ◌ี | ◌ั | ง | ซ | ว |
| า | า | ก | ◌่ | ส | น | ฉ | ด | แ | ส | อ | ◌้ | ง | ป | ว | ไ |
| ษ | ก | ณ | จ | า | ไ | ซ | ◌้ | ด | ม | ◌ื | ย | ก | อ | ซ | ค |
| ป | ข | น | ห | ท | ท | ด | ว | พ | ส | ล | ◌้ | า | ค | ว | พ |
| ต | ◌่ | อ | ย | ◌ุ | ง | อ | ง | ฉ | แ | ย | ง | อ | ร | พ | ส |
| ค | ฝ | อ | ถ | ส | ง | ม | ง | แ | ภ | เ | ท | ส | ย | แ | ร |
| น | ณ | ◌่ | ต | ◌ั | ◌๊ | ก | แ | ต | น | ห | ผ | ง | า | ฉ | ร |
| บ | ม | ว | แ | ป | ล | ว | ก | ด | ถ | ◌็ | ◌ื | ฝ | า | บ | จ |
| ย | ฟ | ◌ั | ต | ฉ | ธ | พ | ก | ซ | ญ | บ | ◌้ | ฝ | ม | ข | ะ |
| ผ | น | ต | น | จ | ◌ั | ◌่ | ก | ◌ั | จ | ษ | ง | ร | จ | ข | ร |
| ล | อ | ย | อ | ก | ง | แ | ต | น | แ | ต | น | ป | ง | น | ษ |
| ช | ศ | ว | น | ล | ร | ป | ไ | น | ธ | ด | น | แ | ธ | ท | อ |
| ง | า | เ | ห | ต | ศ | ง | ะ | ห | จ | ภ | จ | ซ | ฉ | ผ | ก |

ผึ้ง
ต่อ
แตน
เพลี้ย
จักจั่น
แมลงสาบ
ด้วง
หนอน
มด
ปาทังกา
ตัวอ่อน
แมลงปอ
กงแตนแตน
ผีเสื้อ
เต่าทอง
ยุง
มอด
เห็บ
ตั๊กแตน
ปลวก

# 91 - Especias

| | | | | | | | | | | | | | | | |
|---|---|---|---|---|---|---|---|---|---|---|---|---|---|---|---|
| เ | ซ | น | ห | า | เ | ม | ◌็ | ด | ย | ◌ี | ◌่ | ห | ร | ◌่ | า |
| ท | ป | ต | ศ | ห | ช | ห | ภ | ท | ห | ล | ◌ู | พ | น | า | ก |
| ข | ญ | ร | ด | ร | ม | เ | ค | อ | ม | อ | ห | ว | ◌ั | ห | ห |
| ศ | ◌ิ | ง | ◌ี | โ | ป | ◌๊ | ย | ก | ◌ั | ◌๊ | ก | ฉ | ท | า | ญ |
| ท | ศ | ง | ว | ◌้ | ษ | จ | ช | ร | ล | ฝ | อ | ญ | เ | ฝ | ◌้ |
| เ | ก | ล | ◌ื | อ | ย | ช | เ | ผ | ห | ว | ป | พ | ม | ว | า |
| ม | ถ | ผ | ห | ต | ด | ว | บ | ฉ | ม | ะ | บ | ร | ◌็ | แ | ฝ |
| อ | ฝ | บ | เ | ◌ิ | ห | ล | อ | อ | ล | จ | ผ | ◌ิ | ก | ไ | ร |
| เ | ะ | ผ | ป | ต | ล | อ | ถ | ข | ย | บ | ง | ก | แ | แ | ◌ั |
| ะ | ง | บ | น | า | ว | ห | ข | ม | ไ | ณ | ย | ไ | บ | ไ | ◌่ |
| ช | ภ | เ | ท | ช | ป | ถ | ว | ศ | ธ | ฝ | ◌ี | ท | ณ | ร | น |
| ถ | แ | ณ | ณ | ส | ส | ร | อ | ญ | ห | ล | ◌่ | ย | ฟ | ง | ล |
| ศ | ญ | ร | ป | ร | ห | พ | ◌ิ | ข | ศ | แ | ห | ะ | ฟ | ว | ต |
| ก | ร | ะ | เ | ท | ◌ี | ย | ม | ก | บ | ก | ร | แ | ญ | ท | จ |
| ล | บ | ร | ศ | ข | ณ | ว | ะ | ง | ◌้ | ง | ◌่ | พ | ไ | ฟ | ถ |
| ไ | ณ | ล | ซ | ช | ไ | ว | ฝ | ท | ฝ | า | า | ล | ◌ิ | น | ว |

เปรี้ยว
กระเทียม
ขม
โป๊ยกั๊ก
หญ้าฝรั่น
อบเชย
หัวหอม
กานพลู
ผงยี่หร่า
แกง
หวาน
เม็ดยี่หร่า
ขิง
นัทเม็ก
ปาปริก้า
พริกไทย
ชะเอมเทศ
รสชาติ
เกลือ
วนิลา

# 92 - Universo

| | | | | | | | | | | | | | | | |
|---|---|---|---|---|---|---|---|---|---|---|---|---|---|---|---|
| ว | เ | พ | ก | ย | ย | ภ | ห | ค | ม | จ | ป | ด | ค | ว | น |
| ก | ค | แ | ส | ง | อ | า | ท | ◌ิ | ต | ย | ◌์ | า | ว | ง | ◌ั |
| ผ | ษ | ล | ต | ร | ศ | ณ | ช | ป | ก | ญ | ล | ร | า | โ | ก |
| ด | ว | ง | จ | ◌ั | น | ท | ร | ◌์ | ไ | ห | ะ | า | ม | ค | ด |
| ◌้ | ◌ุ | ห | ซ | ภ | ข | ◌ั | ว | ถ | ง | ณ | ต | ศ | ม | จ | า |
| ไ | ศ | ง | ย | ◌ี | อ | เ | ย | ท | ว | ป | ◌ิ | า | ◌ี | ร | ร |
| น | ค | ว | ◌ั | า | ด | ต | ฝ | า | ท | ช | จ | ส | ด | จ | า |
| ◌็ | น | แ | ศ | ฟ | เ | า | ง | จ | อ | ญ | ◌ุ | ต | ป | ◌ั | ศ |
| ห | ก | น | อ | ◌้ | ข | อ | บ | ฟ | ◌้ | า | ด | ร | ด | ก | า |
| เ | จ | ◌้ | ภ | ง | แ | ษ | พ | ซ | พ | บ | ข | ◌์ | ถ | ร | ส |
| ง | ข | ส | ถ | อ | ฟ | เ | ฝ | ◌ี | น | ฉ | า | ณ | ผ | ร | ต |
| อ | ว | เ | ข | ◌้ | ผ | ศ | า | ก | า | ย | ร | ร | บ | า | ร |
| ม | ง | ภ | ส | ท | บ | ด | จ | โ | ถ | ภ | อ | ถ | ไ | ศ | ◌์ |
| ซ | อ | ช | ศ | ต | ว | ก | ผ | ล | ะ | ฉ | ฝ | บ | ถ | ◌ี | ธ |
| ก | า | แ | ล | ก | ซ | ◌ี | ◌่ | ก | ห | ฉ | ป | พ | ซ | น | ช |
| เ | ส | ◌้ | น | ศ | ◌ุ | น | ย | ◌์ | ส | ◌ุ | ต | ร | ป | อ | ท |

ดาราศาสตร์
นักดาราศาสตร์
บรรยากาศ
ท้องฟ้า
ฟังดู
เส้นศูนย์สูตร
กาแลกซี่
ซีกโลก
ขอบฟ้า
เอียง
ละติจูด
เส้นแวง
ดวงจันทร์
ความมืด
วงโคจร
แสงอาทิตย์
อายัน
มองเห็นได้
จักรราศี

# 93 - Jazz

| | | | | | | | | | | | | | | | |
|---|---|---|---|---|---|---|---|---|---|---|---|---|---|---|---|
| พ | ร | ส | ว | ร | ร | ค | ◌์ | ร | ง | น | แ | ด | จ | ะ | ท |
| แ | ษ | ญ | ◌ั | ค | ◌ำ | ส | ม | า | ว | ค | ไ | ด | ญ | ผ | บ |
| ว | ง | ด | น | ต | ร | ◌ี | บ | ย | ม | ส | ย | ค | จ | ต | ท |
| ค | จ | บ | บ | ฝ | ภ | ธ | ◌ั | ก | ◌ี | ญ | บ | เ | พ | ล | ง |
| ง | ฝ | ◌ั | แ | ว | แ | แ | ◌้ | า | ช | ร | ค | พ | พ | ส | ล |
| แ | ก | ◌่ | ง | ป | ไ | ซ | ล | ร | ◌ี | ป | ต | ห | ช | ◌่ | พ |
| ไ | ห | ม | ◌่ | ห | ม | ง | ◌ั | โ | ◌่ | ฏ | ซ | น | แ | ว | เ |
| ช | ณ | ล | แ | ถ | ว | ช | อ | ป | อ | ◌ิ | น | ญ | ด | น | ง |
| ร | ◌ู | ป | แ | บ | บ | ะ | ล | ร | เ | ภ | ท | ไ | ะ | ป | ต |
| จ | ง | จ | ฉ | บ | ณ | ต | ท | ด | ส | า | ง | ฟ | ย | ร | ◌่ |
| ค | อ | น | เ | ส | ◌ิ | ร | ◌์ | ต | ◌ี | ณ | ถ | ช | ณ | ะ | แ |
| ◌ิ | ล | ป | ธ | ป | ง | ส | น | พ | ย | โ | ข | ม | ข | ก | ก |
| น | ก | ◌ิ | ป | ห | ล | ม | ษ | า | ง | ว | ง | ง | ษ | อ | ◌ั |
| ค | ผ | ล | ม | ไ | ค | ช | อ | ซ | ญ | ห | พ | บ | ร | บ | น |
| ท | ฝ | ◌ิ | ซ | ล | ข | ป | ถ | ด | ม | า | ต | ร | ฟ | จ | ผ |
| เ | ข | ศ | ไ | ณ | อ | ท | ภ | เ | ะ | ร | ป | ช | พ | ง | ธ |

ศิลปิน
อัลบั้ม
เพลง
ส่วนประกอบ
นักแต่งเพลง
คอนเสิร์ต
รูปแบบ
ความสำคัญ
มีชื่อเสียง
รายการโปรด
ประเภท
ปฏิภาณโวหาร
ดนตรี
ใหม่
วงดนตรี
จังหวะ
พรสวรรค์
กลอง
เทคนิค
แก่

# 94 - Mediciones

| | | | | | | | | | | | | | | | |
|---|---|---|---|---|---|---|---|---|---|---|---|---|---|---|---|
| เ | ณ | พ | ญ | ห | เ | แ | ฉ | ศ | ง | ◌ู | ส | ม | า | ว | ค |
| ล | ซ | ถ | ก | เ | ผ | ณ | ะ | ซ | ไ | ก | ค | ว | ย | ข | ช |
| ม | ◌ิ | น | ค | ล | ฟ | แ | ฟ | บ | ส | ต | ม | ล | ณ | ด | ม |
| ฝ | ฟ | ต | ต | ค | ว | า | ม | ก | ว | ◌้ | า | ง | ฝ | พ | ร |
| ศ | ข | ไ | ร | ◌ิ | ว | ง | ◌ั | ย | น | ฉ | ส | ข | อ | ท | ะ |
| ย | ภ | บ | เ | ล | เ | ซ | ร | ด | ◌ิ | ก | ไ | ช | ว | ไ | ด |
| ป | ม | ต | น | ป | ญ | ม | ก | ค | ณ | น | า | ก | ช | ส | ◌ั |
| ต | เ | ◌์ | อ | ษ | ต | ร | ต | ม | จ | ◌ั | ศ | ภ | ว | ฟ | บ |
| ซ | ฉ | ซ | อ | า | ◌ั | ◌ั | ะ | ร | ล | ห | ◌ี | ท | า | น | เ |
| แ | ไ | น | ง | ง | น | ก | ผ | ผ | ก | ◌ำ | เ | ส | ย | ฝ | ส |
| ะ | ส | อ | ศ | น | เ | ล | ฝ | า | ค | ◌้ | ห | ง | ม | ว | ◌ี |
| ว | ห | อ | า | ง | ศ | โ | ไ | ภ | ค | น | ภ | เ | า | จ | ย |
| า | พ | ฉ | ฝ | ณ | ร | ◌ิ | ร | ณ | เ | ถ | ก | ภ | ว | ก | ง |
| ค | ว | า | ม | ล | ◌ึ | ก | แ | ท | ไ | ท | ฉ | ผ | ค | ล | พ |
| น | ก | ◌ิ | โ | ล | เ | ม | ต | ร | ต | ม | เ | ผ | ษ | า | ต |
| ญ | ท | น | ◌ิ | ◌้ | ว | ฝ | ร | ไ | ล | ธ | ต | จ | แ | ย | ห |

ความสูง
ความกว้าง
ไบต์
เซนติเมตร
ทศนิยม
องศา
กรัม
กิโลกรัม
กิโลเมตร
ลิตร
ความยาว
มวล
เมตร
นาที
ออนซ์
น้ำหนัก
ความลึก
นิ้ว
ตัน
ระดับเสียง

# 95 - Barcos

| | | | | | | | | | | | | | | | |
|---|---|---|---|---|---|---|---|---|---|---|---|---|---|---|---|
| แ | แ | ป | ร | จ | ซ | ถ | บ | อ | ร | ◌ี | เ | ก | ◌ู | ล | ต |
| ม | พ | ท | ะ | ค | ญ | อ | ไ | ไ | น | น | ค | ก | ะ | า | ม |
| ◌่ | ค | แ | ช | ว | เ | ย | อ | จ | ไ | ญ | ร | ะ | ไ | จ | า |
| น | พ | อ | ฝ | ส | ค | ล | ◌ี | ◌่ | น | ษ | ◌ี | ล | แ | ย | ณ |
| ◌้ | บ | ว | อ | แ | อ | ญ | ร | ฝ | เ | บ | ◌่ | า | เ | ฉ | ธ |
| ◌ำ | ล | ไ | ท | ค | แ | ช | เ | ภ | ร | ห | อ | ส | เ | ะ | ส |
| ธ | ศ | ด | ถ | ศ | ข | ค | ว | ไ | ก | ร | ง | ◌ี | ช | ม | ท |
| ท | ะ | เ | ล | ส | า | บ | น | ไ | ง | ง | ย | เ | ◌ี | ห | เ |
| อ | ล | พ | ะ | บ | ค | น | อ | ◌ู | า | ช | น | ร | อ | า | ร |
| เ | ร | ◌ี | อ | ข | ◌้ | า | ม | ฟ | า | ก | ต | ◌ี | ก | ส | ◌ี |
| ค | า | ย | ◌ั | ค | แ | จ | ส | ฉ | ด | ศ | ◌์ | อ | ง | ม | อ |
| เ | ว | ช | ด | ค | แ | ณ | อ | เ | ฟ | ะ | ผ | ช | ช | ◌ุ | ย |
| ศ | ษ | เ | พ | ฝ | ะ | ท | ง | ข | ม | ว | ร | ◌ู | ญ | ท | อ |
| ณ | ด | เ | ป | า | ภ | ◌ุ | ด | บ | แ | น | อ | ช | ข | ร | ช |
| ซ | ไ | ร | ร | ศ | ก | ◌่ | ช | ธ | ก | น | ฉ | ◌ี | ว | ย | ท |
| ส | ผ | ม | ส | ฉ | แ | น | ผ | ต | ญ | ษ | ท | พ | ญ | ะ | ◌์ |

สมอ
แพ
เรือชูชีพ
ทุ่น
แคนู
เชือก
เรือข้ามฟาก
คายัค
ทะเลสาบ
ทะเล
กะลาสี
เสา
เครื่องยนต์
มหาสมุทร
คลื่น
แม่น้ำ
ลูกเรือ
เรือใบ
เรือยอชท์

# 96 - Antártida

| ย | ณ | น | ธ | า | น | ค | ส | ไ | ษ | ภ | อ | ค | ภ | ว | ธ |
| ด | แ | ศ | น | ส | ้ | ป | ษ | ค | ษ | ฟ | ุ | า | ู | ิ | เ |
| ฝ | า | ฟ | ญ | ค | ำ | ต | ไ | ณ | ฝ | ส | ณ | บ | ม | ท | ล |
| ว | บ | ษ | ม | ช | แ | ษ | น | ฝ | ด | พ | ห | ส | ิ | ย | บ |
| น | ไ | ค | ะ | ร | ข | ุ | ร | ข | ษ | ไ | ภ | ม | ป | า | ก |
| ิ | แ | อ | ป | ำ | ็ | ท | ภ | แ | ศ | ภ | ู | ุ | ร | ศ | ภ |
| ว | จ | ป | อ | ้ | ง | ธ | ร | ก | ช | น | ม | ท | ะ | า | ู |
| ก | า | ร | อ | น | ุ | ร | ั | ก | ษ | ์ | ิ | ร | เ | ส | ม |
| น | ั | ก | ว | ิ | จ | ั | ย | ห | ว | ฝ | ภ | พ | ท | ต | ิ |
| พ | ไ | ต | ุ | า | ธ | ่ | ร | แ | ม | ศ | อ | ธ | ศ | ร | ศ |
| เ | ไ | ท | แ | ไ | ่ | ย | ต | ด | ป | ู | น | เ | ศ | ์ | า |
| ต | ถ | ป | ก | บ | ศ | อ | ฝ | แ | จ | พ | ่ | ต | ม | น | ส |
| ท | ว | ี | ป | น | า | ด | ฟ | ต | อ | ฟ | ค | เ | ง | ฆ | ต |
| ส | บ | ก | ป | ก | ร | ์ | ย | ี | ซ | เ | า | ล | ก | ถ | ร |
| ง | ก | า | ร | เ | ด | ิ | น | ท | า | ง | ธ | ช | จ | า | ์ |
| ย | ว | ง | ผ | ก | า | ร | โ | ย | ก | ย | ้ | า | ย | พ | ะ |

น้ำ

อ่าว

วิทยาศาสตร์

การอนุรักษ์

ทวีป

การเดินทาง

ภูมิศาสตร์

กลาเซียร์

น้ำแข็ง

นักวิจัย

หมู่เกาะ

การโยกย้าย

แร่ธาตุ

เมฆ

นก

คาบสมุทร

เพนกวิน

ขรุขระ

อุณหภูมิ

ภูมิประเทศ

# 97 - Mamíferos

| | | | | | | | | | | | | | | | |
|---|---|---|---|---|---|---|---|---|---|---|---|---|---|---|---|
| ย | บ | า | ป | ญ | า | ศ | พ | ษ | ผ | พ | ร | ศ | ท | น | ก |
| อ | ป | ห | ผ | ไ | จ | ส | ส | ณ | ซ | ◌์ | ก | อ | ◌็ | ฟ | ช |
| า | ถ | ก | ห | ข | ฉ | ไ | ษ | ย | ร | จ | ร | จ | ย | ม | ป |
| า | ด | ม | า | า | ว | า | ไ | ฝ | ข | ท | ะ | ก | แ | ฟ | ษ |
| ย | ง | ถ | า | ะ | เ | ร | ก | ช | ภ | ฟ | ต | ง | ษ | า | ข |
| า | ◌ี | พ | ช | เ | ห | โ | ค | น | ถ | ไ | ◌่ | ข | ถ | ล | อ |
| ล | อ | ร | ล | เ | ด | ฝ | ก | ป | ก | ด | า | ต | ล | ล | ◌ู |
| า | ว | ร | า | ม | ล | า | ะ | ล | ถ | จ | ย | ◌้ | ว | ◌ิ | ฐ |
| ◌้ | า | ฟ | า | ฟ | ฟ | ข | ม | า | อ | พ | ไ | ญ | ม | ร | ง |
| ม | ฬ | ว | บ | ไ | ต | อ | ล | โ | เ | ฉ | ณ | เ | แ | อ | า |
| ห | ม | ◌ี | ย | เ | ฉ | จ | ถ | ล | ไ | ห | ม | า | บ | ก | ◌้ |
| โ | ค | โ | ย | ต | ◌ี | ◌้ | ธ | ม | ช | ณ | ศ | ◌่ | แ | พ | ช |
| ษ | ม | ฟ | ต | ผ | ว | โ | จ | า | ษ | ง | ณ | ป | ว | ส | ผ |
| ห | ท | ถ | ด | ฝ | เ | ง | ป | ป | ไ | ห | ช | า | ณ | ด | า |
| ะ | ม | ว | ผ | ส | ะ | ◌ิ | ช | ธ | ะ | ภ | ญ | ม | ด | บ | ช |
| ง | จ | ด | บ | ศ | ฉ | จ | ย | น | ต | ป | ภ | ห | ป | ณ | ว |

วาฬ
ลา
ม้า
อูฐ
จิงโจ้
ม้าลาย
กระต่าย
โคโยตี้
ปลาโลมา
ช้าง

แมว
กอริลลา
ยีราฟ
หมาป่า
ลิง
หมี
แกะ
หมา
โค
ฟ็อกซ์

# 98 - Boxeo

| | | | | | | | | | | | | | | | |
|---|---|---|---|---|---|---|---|---|---|---|---|---|---|---|---|
| โ | ฉ | ณ | ป | น | ย | ภ | ง | ฟ | ศ | ว | น | บ | ญ | เ | ท |
| ฟ | ฟ | า | ฝ | ข | ด | อ | ข | น | ◌ั | ก | ส | ◌ู | ◌้ | แ | ก |
| น | บ | ก | เ | ห | น | ◌ี | ◌่ | อ | ย | อ | ◌ิ | ป | ญ | น | า |
| ป | ต | ร | ◌ั | ษ | บ | ท | แ | น | า | ศ | ด | ป | ถ | ต | ร |
| ช | เ | แ | ห | ส | พ | ◌ั | ◌่ | า | ก | อ | ต | น | ญ | ป | ก |
| ไ | ช | ว | ข | ซ | ญ | ก | ◌ู | ถ | ง | ◌้ | ◌ั | ป | ห | ศ | ◌ู |
| ศ | ◌ี | ◌็ | จ | ภ | ณ | ษ | ค | ฟ | า | ข | ◌้ | ค | ษ | ซ | ◌้ |
| ธ | อ | ร | แ | ร | ง | ะ | ต | เ | ◌่ | ษ | ◌ู | พ | ะ | ท | ค |
| ษ | ก | เ | ะ | พ | จ | ค | า | ง | ร | ธ | ผ | เ | ค | ล | ◌ี |
| ฉ | ศ | ร | เ | ฆ | แ | ง | พ | ด | ศ | ถ | ซ | ต | ค | ม | น |
| ล | ฝ | ซ | น | ◌้ | ◌ั | ป | ◌ำ | ก | ถ | ไ | ภ | ะ | ะ | ภ | ด |
| อ | ผ | พ | ไ | ม | ค | ง | ข | ษ | ม | ◌ุ | ว | า | แ | ใ | ง |
| ฟ | ก | ว | ภ | ไ | บ | ด | ห | แ | ถ | ย | ง | ช | น | ห | พ |
| น | ท | ง | เ | ก | ศ | น | ะ | พ | เ | ใ | ธ | ม | น | ร | ย |
| ต | ถ | ป | แ | จ | จ | น | อ | ช | ย | ธ | ญ | ◌ุ | ◌ี | ห | บ |
| ซ | ค | ร | ก | แ | ส | เ | ฝ | ฉ | น | า | ค | ม | ญ | อ | ก |

ผู้ตัดสิน
คาง
ระฆัง
โฟกัส
ข้อศอก
เชือก
ร่างกาย
มุม
เหนื่อย
แรง

ถุงมือ
ทักษะ
นักสู้
คู่แข่ง
เตะ
คะแนน
กำปั้น
เร็ว
การกู้คืน

# 99 - Abejas

| | | | | | | | | | | | | | | | |
|---|---|---|---|---|---|---|---|---|---|---|---|---|---|---|---|
| ว | พ | ห | ช | ฉ | บ | เ | ◌้ | อ | ฉ | ข | ศ | ม | ไ | ร | ต |
| น | น | ◌ี | ว | ค | ว | า | ม | ห | ล | า | ก | ห | ล | า | ย |
| ร | ◌้ | ม | ไ | ก | อ | ด | ไ | ล | ร | ใ | ะ | ป | า | จ | ท |
| พ | ◌ั | ◌ำ | ด | อ | ก | ะ | ล | ซ | แ | แ | ม | ล | ง | ฝ | ก |
| ก | ถ | ง | ผ | ส | ว | น | ผ | พ | ช | ต | ภ | ง | ช | ถ | ห |
| ฟ | ซ | ไ | ภ | ◌ึ | ร | ป | ◌ี | ก | ก | อ | แ | ป | ป | ญ | ม |
| ร | ต | ฉ | ธ | อ | ◌้ | ท | เ | น | ฝ | จ | พ | ย | ฉ | อ | ไ |
| า | ะ | ณ | บ | ซ | ท | ง | ท | ซ | ◌ุ | ณ | ร | เ | ใ | ส | ถ |
| ห | ธ | บ | ญ | ศ | ต | ล | พ | ท | ง | ผ | ◌ึ | ◌้ | ◌้ | ◌ี | ข |
| า | แ | ห | บ | เ | ป | ◌็ | น | ป | ร | ะ | โ | ย | ช | น | ◌์ |
| อ | ป | ม | ณ | น | ด | ว | ง | อ | า | ท | ◌ิ | ต | ย | ◌์ | ป |
| ษ | ช | ร | ป | ◌ั | ◌ิ | ห | ข | ข | ฝ | ง | อ | ข | ษ | แ | า |
| ม | พ | บ | ญ | ว | ล | เ | ย | ช | ญ | ร | ห | ก | ช | พ | ย |
| ข | ภ | ผ | ซ | ค | ญ | ะ | ว | ธ | ศ | ล | า | า | ก | ณ | า |
| ะ | พ | ◌ื | ช | ถ | ฉ | พ | า | ศ | ศ | ล | ส | ซ | า | ผ | ฝ |
| ท | ◌ี | ◌่ | อ | ย | ◌ู | ◌่ | อ | า | ศ | ◌ั | ย | ฝ | ไ | ะ | แ |

ปีก
เป็นประโยชน์
ขี้ผึ้ง
รัง
อาหาร
ความหลากหลาย
ระบบนิเวศ
ฝูง
ดอก
ดอกไม้
ผลไม้
ที่อยู่อาศัย
ควัน
แมลง
สวน
น้ำผึ้ง
พืช
เรณู
ควีน
ดวงอาทิตย์

# 100 - Psicología

| | | | | | | | | | | | | | | | |
|---|---|---|---|---|---|---|---|---|---|---|---|---|---|---|---|
| ผ | ง | ค | ซ | ซ | ต | ย | ◌ี | ด | เ | อ | ไ | ข | ท | ผ | ก |
| ค | ว | า | ม | ค | ◌ิ | ด | ข | ด | ร | ◌ิ | ภ | ฉ | ป | ข | า |
| ร | ย | ต | อ | า | ร | ม | ณ | ◌์ | อ | ท | ะ | ถ | ◌ั | อ | ร |
| ◌ู | ฟ | ต | ม | ฝ | จ | ก | ซ | ม | ง | ธ | ม | ก | ญ | ไ | น |
| ◌้ | ล | ◌ั | ข | ภ | ม | พ | เ | ม | ย | ◌ิ | น | ต | ห | ว | ◌ั |
| บ | เ | อ | ะ | ค | ล | ◌ิ | น | ◌ิ | ก | พ | ง | ด | า | ◌ั | ด |
| ◌ั | ◌ุ | บ | ด | ญ | ฝ | ข | ท | ฟ | ณ | ล | ศ | พ | ภ | ย | ห |
| ร | ค | ค | ค | ว | า | ม | ข | ◌ั | ด | แ | ย | ◌้ | ง | เ | ม |
| ร | ว | ฉ | ล | ก | า | ร | ป | ร | ะ | เ | ม | ◌ิ | น | ด | า |
| า | า | ง | ร | ◌ิ | จ | น | ◌็ | ป | เ | ม | า | ว | ค | ◌็ | ย |
| ก | ม | ม | ร | ร | ก | ◌ิ | ต | ฤ | พ | ม | เ | ธ | อ | ก | ห |
| ฝ | ฝ | ล | ผ | พ | ฝ | ภ | ก | า | ร | บ | ◌ำ | บ | ◌ั | ด | ม |
| ไ | ◌ั | ธ | ฟ | ◌์ | ณ | ร | า | ก | บ | ส | ะ | ร | ป | ไ | ด |
| ล | น | ซ | ง | า | ณ | ถ | น | พ | แ | ล | า | ไ | ป | ฉ | ส |
| จ | ◌ิ | ต | ไ | ต | ◌้ | ส | ◌ำ | น | ◌ึ | ก | ไ | ถ | ร | ต | ต |
| แ | ธ | ท | ะ | แ | ฉ | ย | ณ | ม | ไ | ร | ข | อ | ง | ด | ◌ิ |

การนัดหมาย
คลินิก
พฤติกรรม
ความขัดแย้ง
อัตตา
อารมณ์
การประเมิน
ประสบการณ์
ไอเดีย
หมดสติ
วัยเด็ก
อิทธิพล
ความคิด
การรับรู้
บุคลิกภาพ
ปัญหา
ความเป็นจริง
จิตใต้สำนึก
ความฝัน
การบำบัด

## 1 - Ajedrez

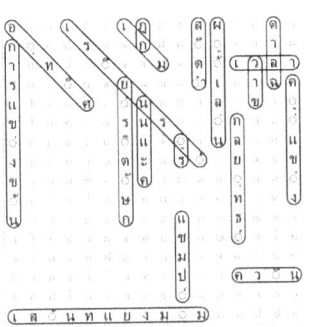

## 2 - Agua

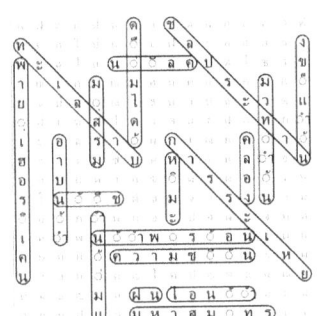

## 3 - Arqueología

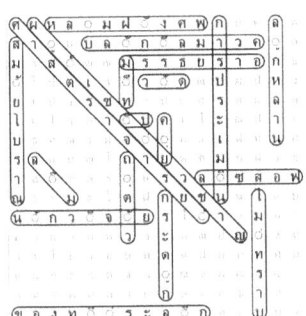

## 4 - Granja #2

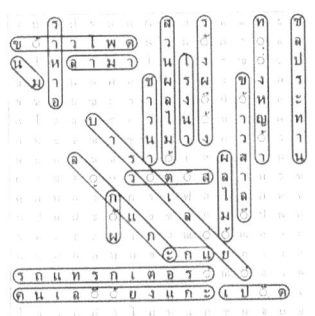

## 5 - La Empresa

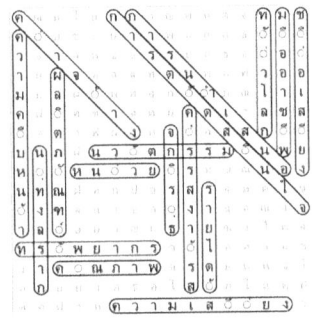

## 6 - Aviones

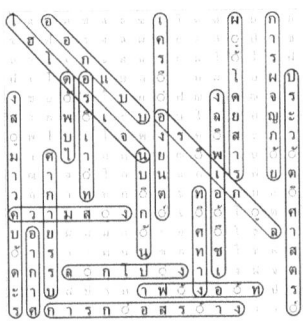

## 7 - Tipos de Cabello

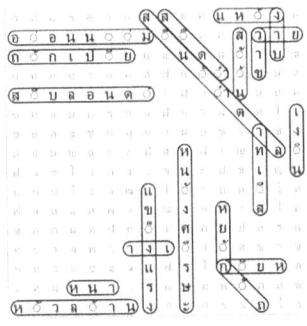

## 8 - Ciencia Ficción

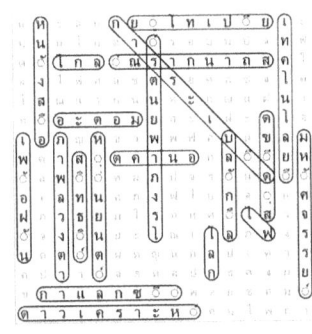

## 9 - Granja #1

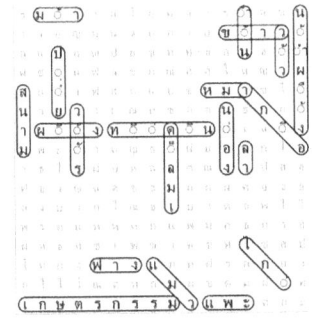

## 10 - Camping

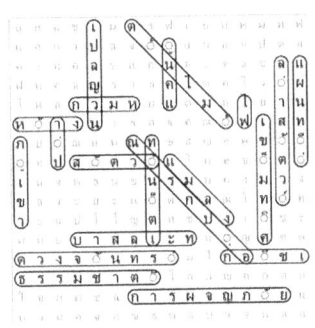

## 11 - Fruta

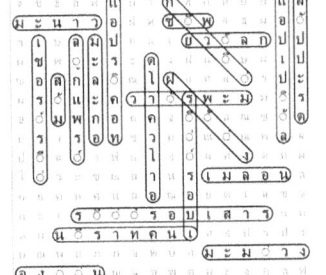

## 12 - Geología

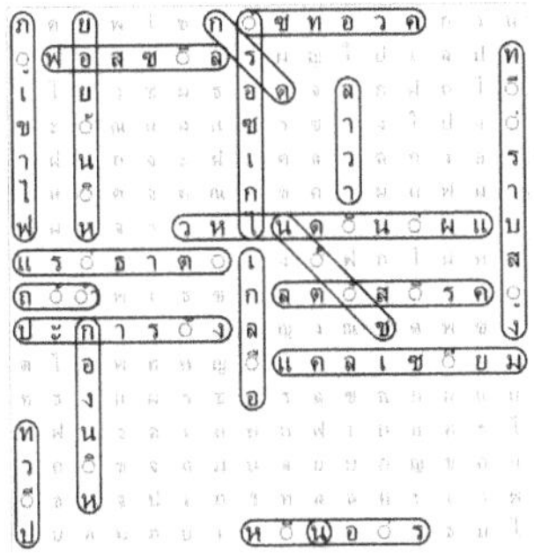

## 13 - Álgebra

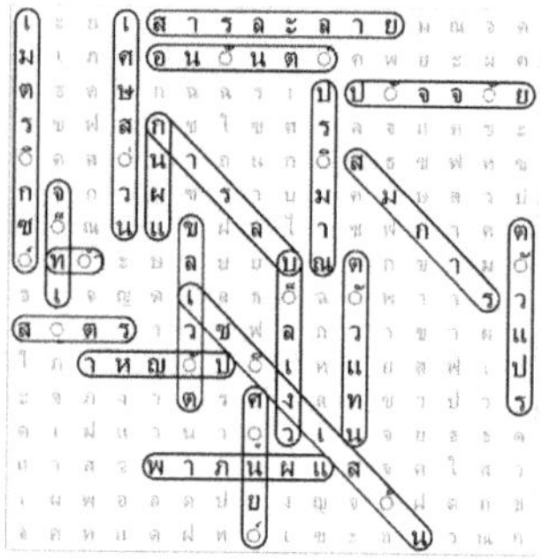

## 14 - Plantas

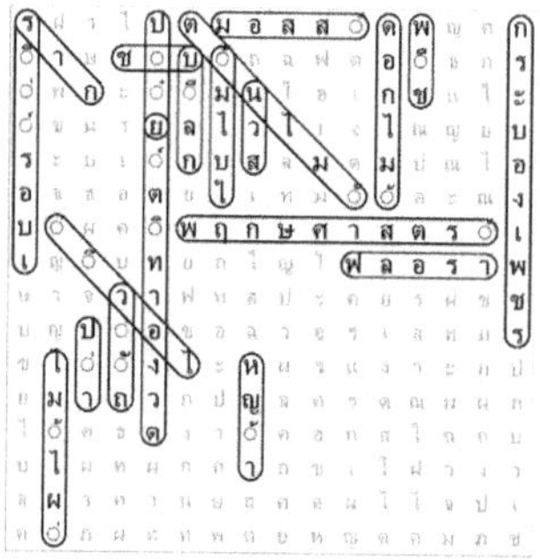

## 15 - Suministros de Arte

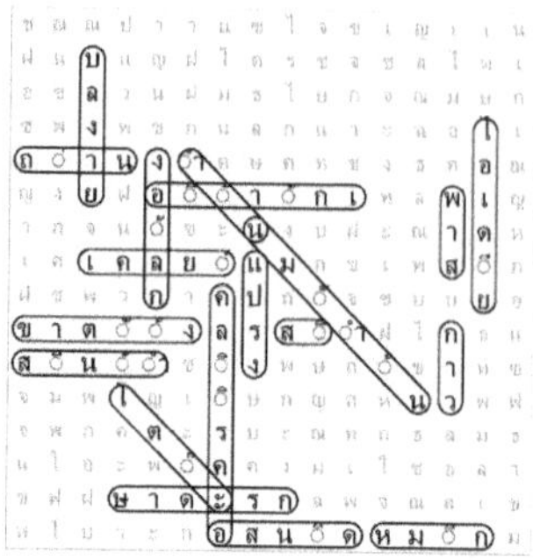

## 16 - Negocio

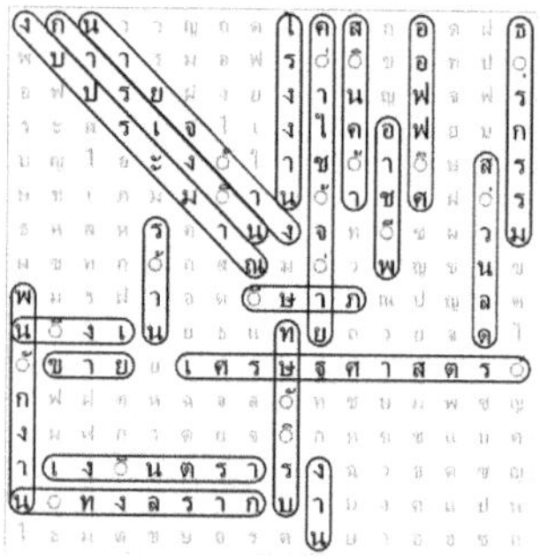

## 17 - Jardín

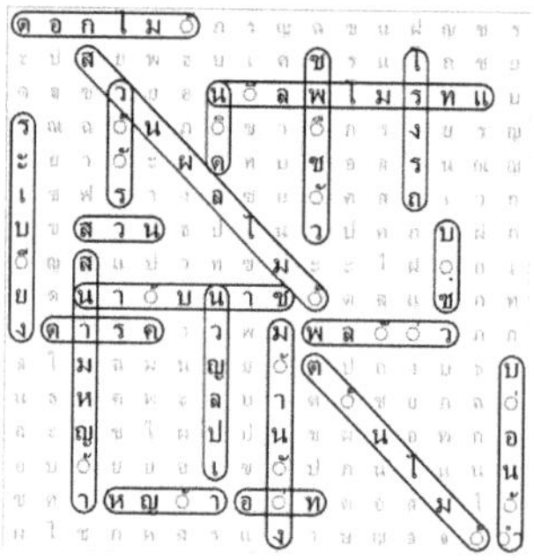

## 18 - Países #2

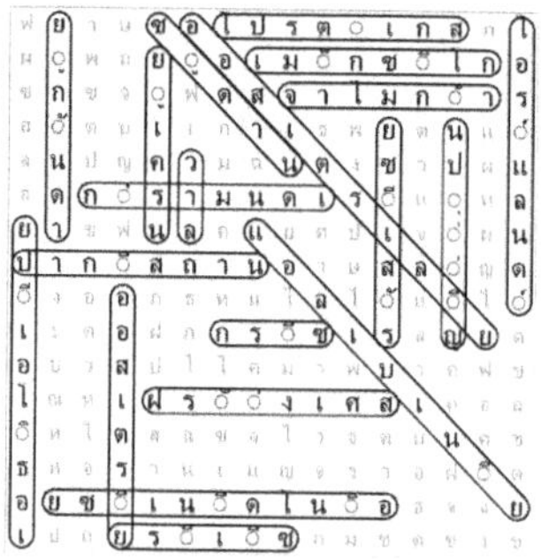

## 19 - Tecnología

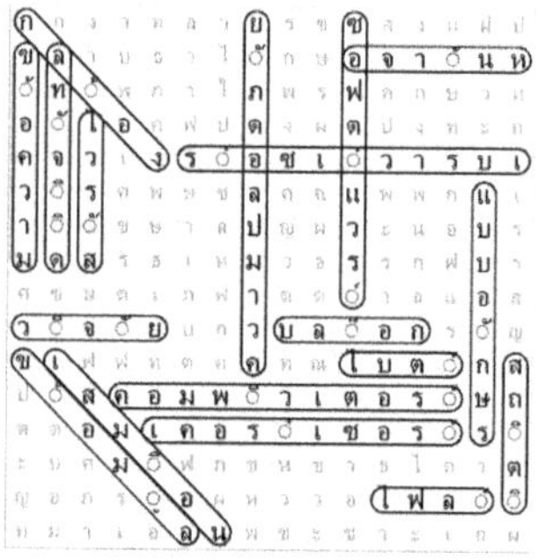

## 20 - Números

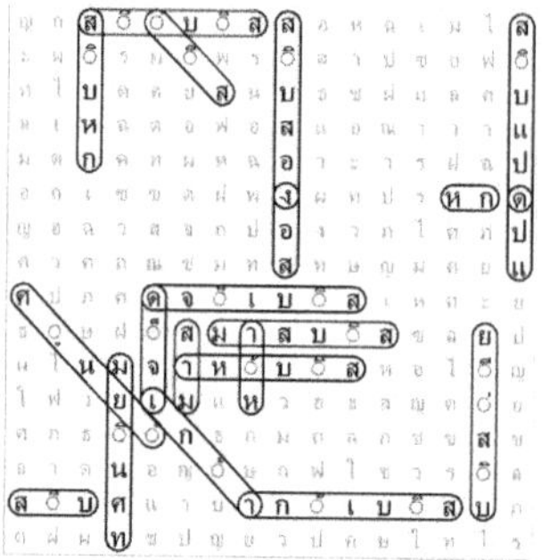

## 21 - Física

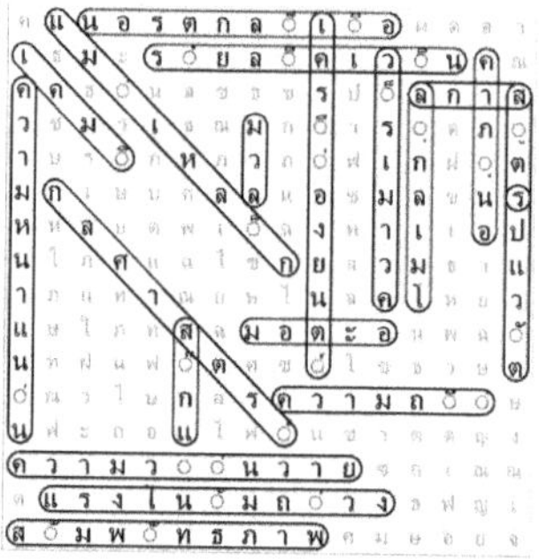

## 22 - Belleza

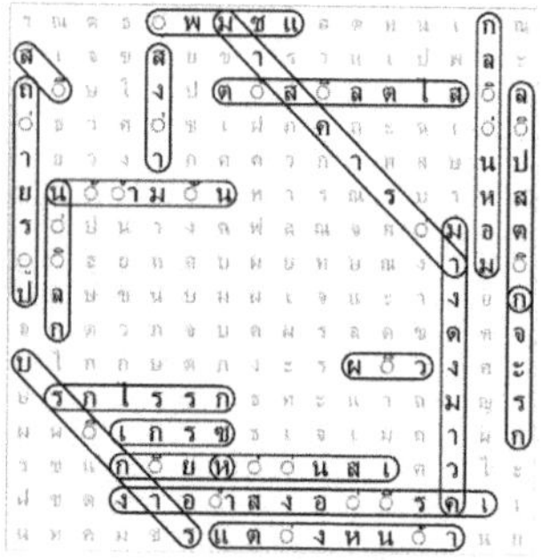

## 23 - Países #1

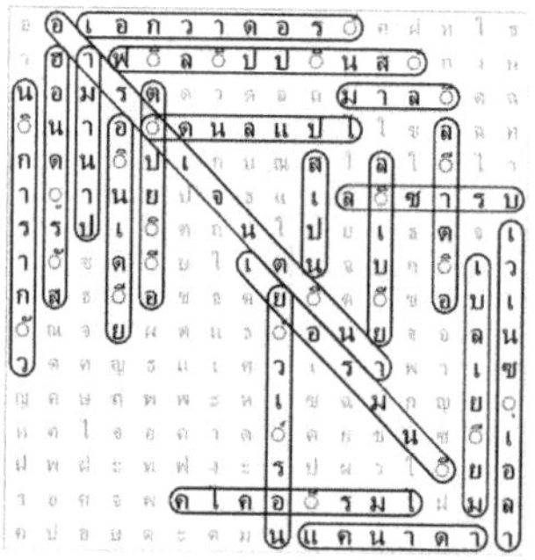

## 24 - Mitología

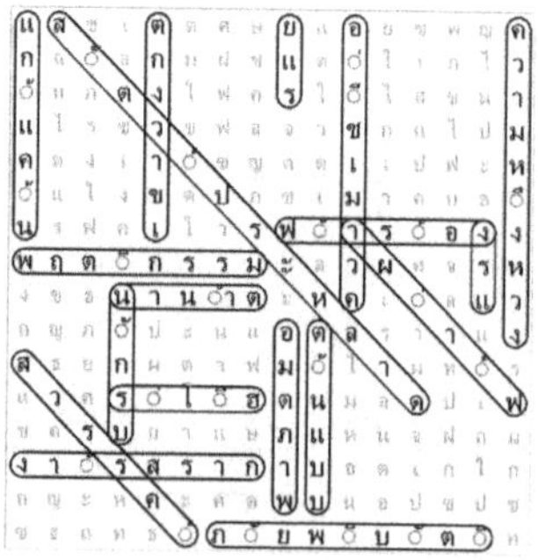

## 25 - Ecología

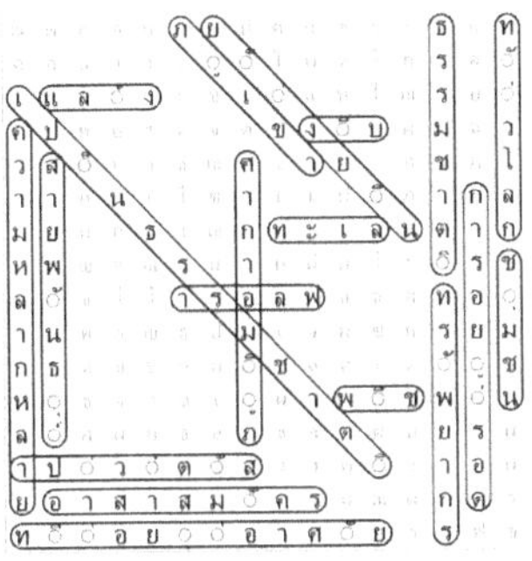

## 26 - Casa

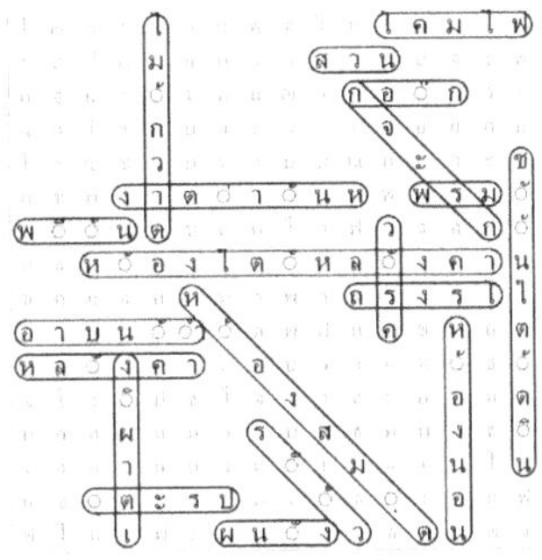

## 27 - Salud y Bienestar #2

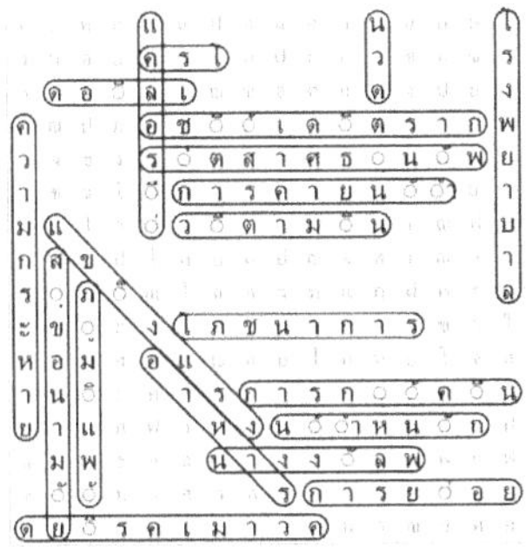

## 28 - Colores

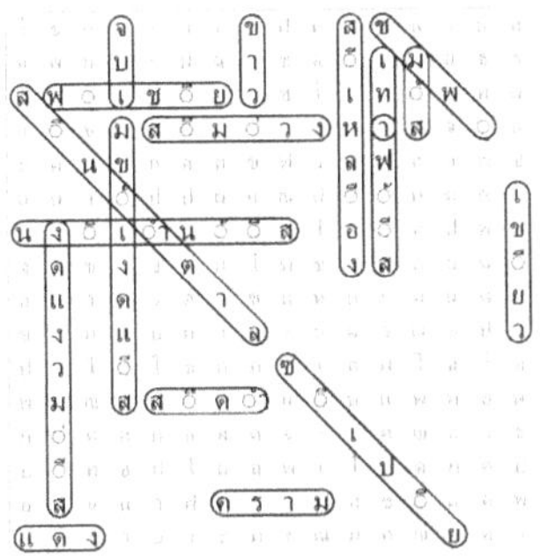

## 29 - Adjetivos #1

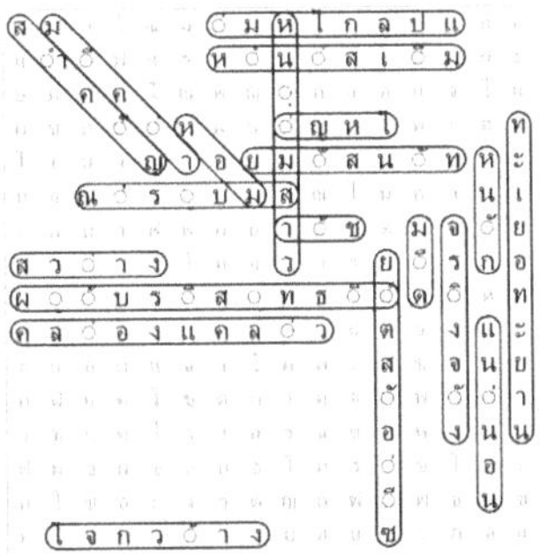

## 30 - Familia

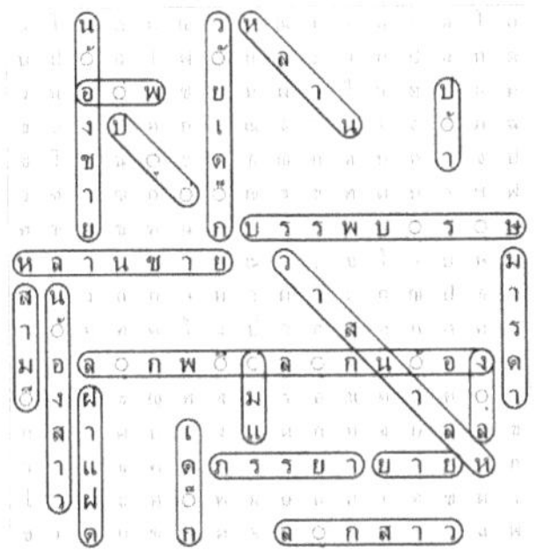

## 31 - Disciplinas Científicas

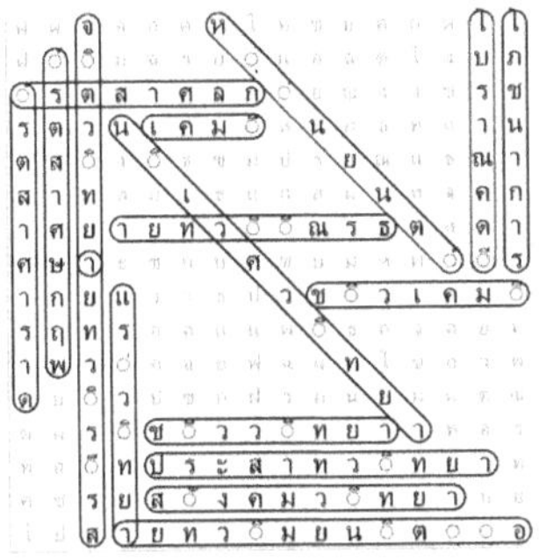

## 32 - Cocina

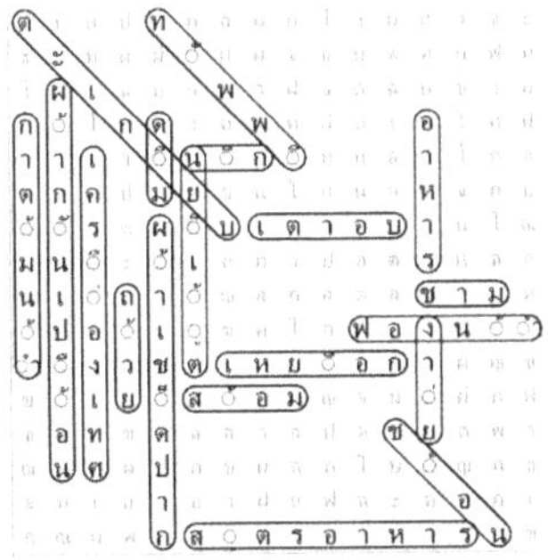

## 33 - Salud y Bienestar #1

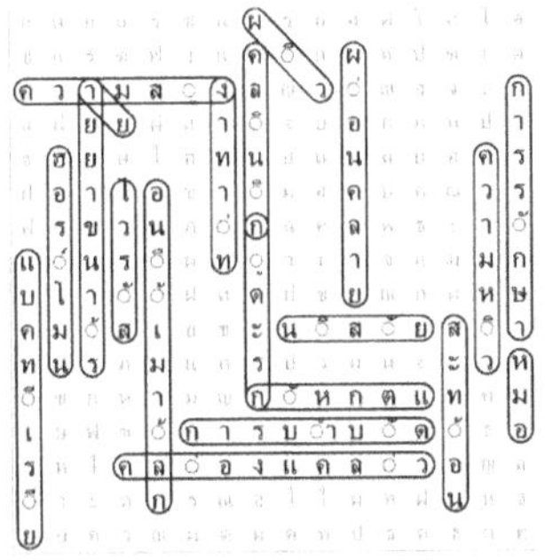

## 34 - Adjetivos #2

## 35 - Cuerpo Humano

## 36 - Calentamiento Gl

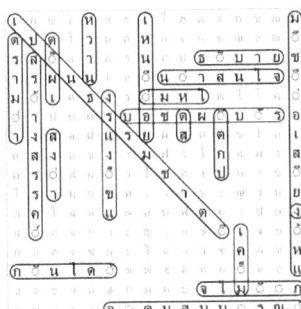

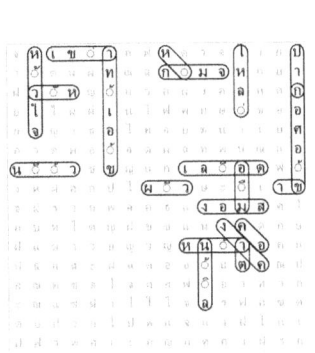

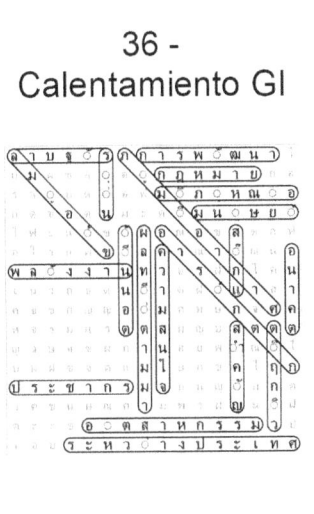

## 37 - Ciencia

## 38 - Restaurante #2

## 39 - Profesiones #1

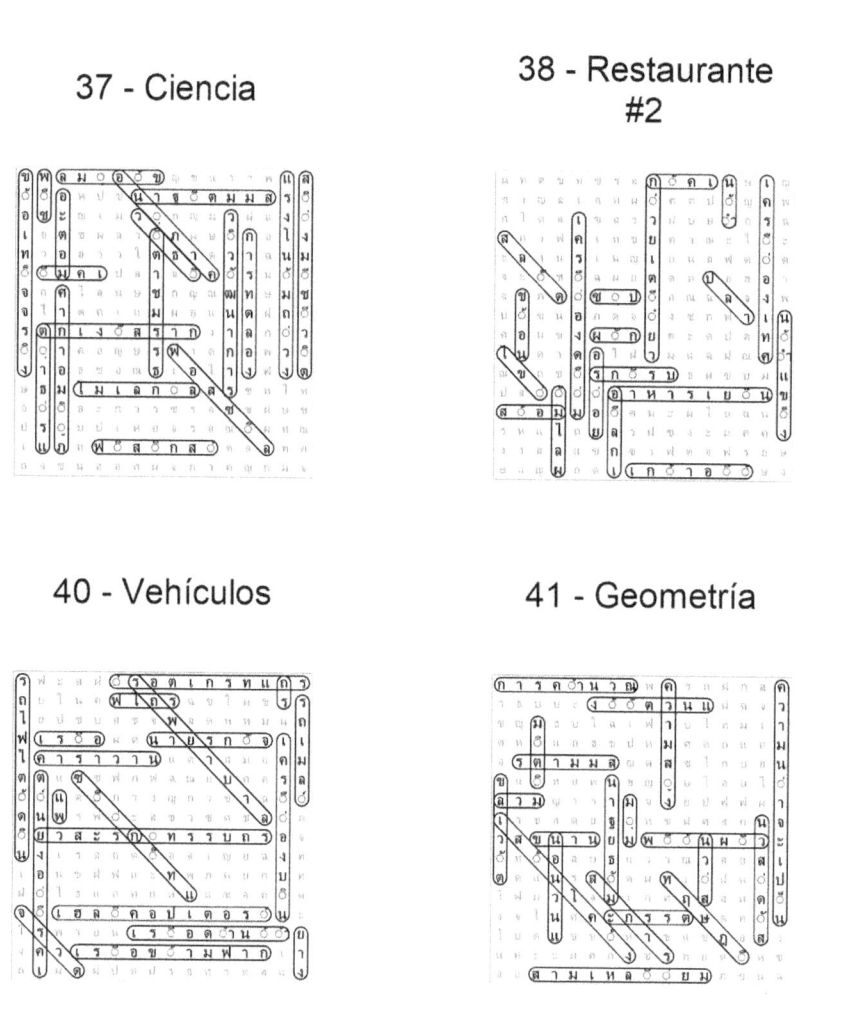

## 40 - Vehículos

## 41 - Geometría

## 42 - Vacaciones #2

## 43 - Matemáticas

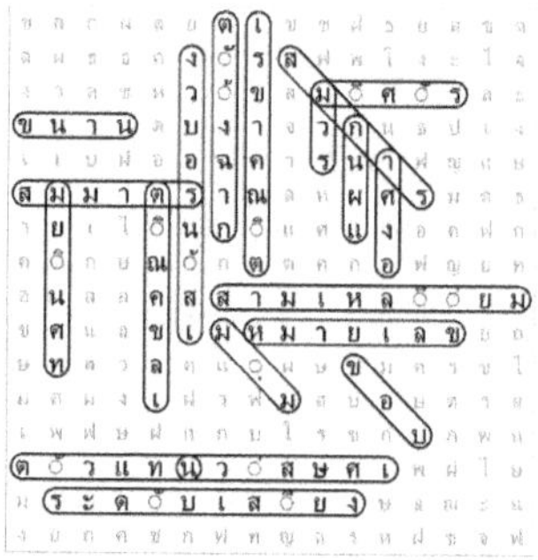

## 44 - Restaurante #1

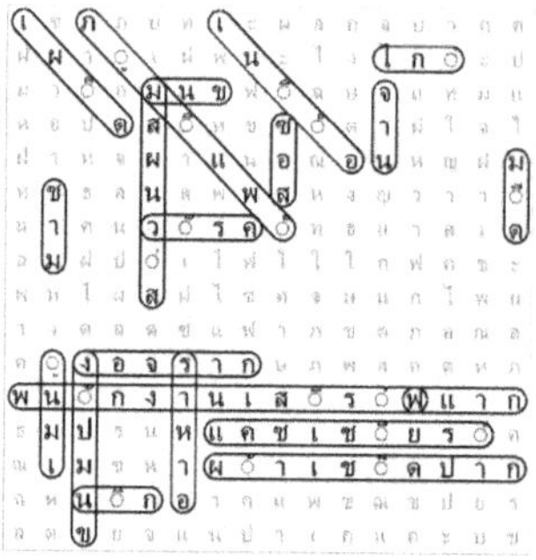

## 45 - Profesiones #2

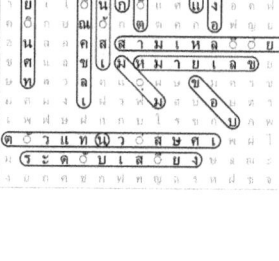

## 46 - Naturaleza

## 47 - Conduciendo

## 48 - Ballet

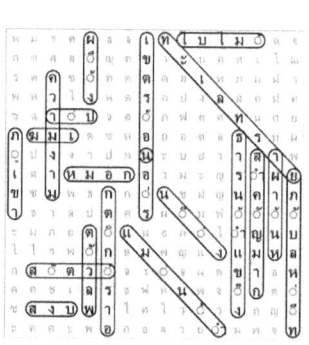
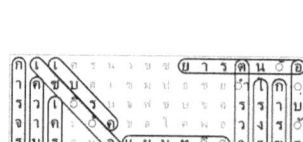
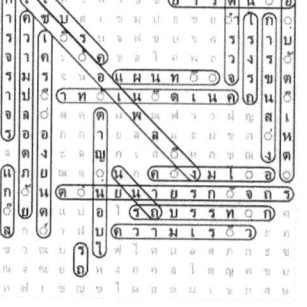

## 49 - Fuerza y Gravedad

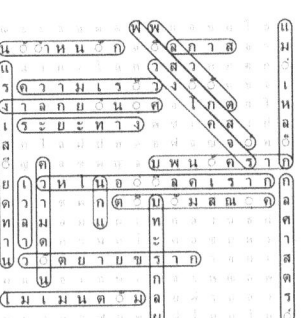

## 50 - Aventura

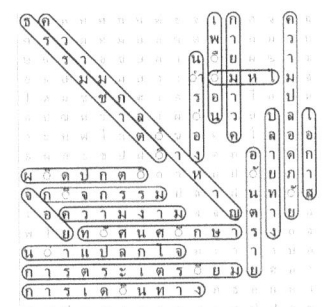

## 51 - Pájaros

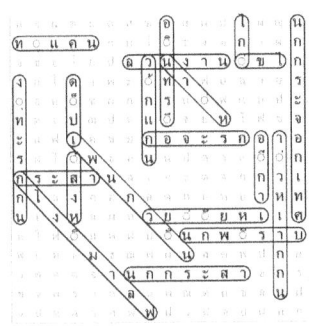

## 52 - Geografía

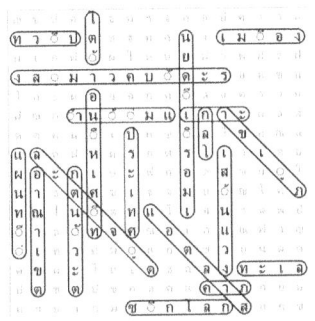

## 53 - Música

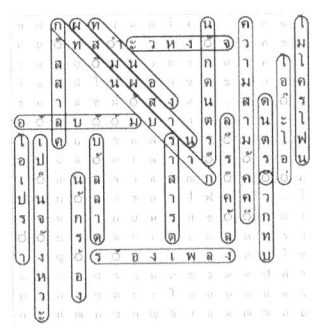

## 54 - Enfermedad

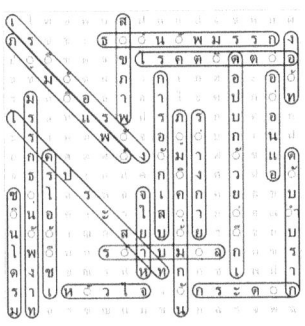

## 55 - Actividades

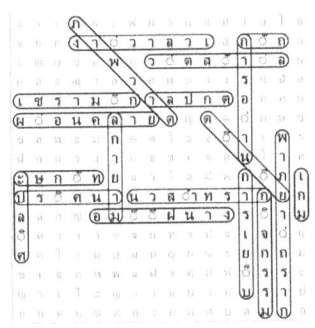

## 56 - Verduras

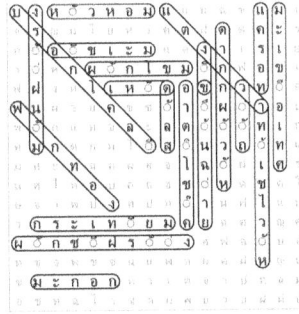

## 57 - Instrumentos Musicales

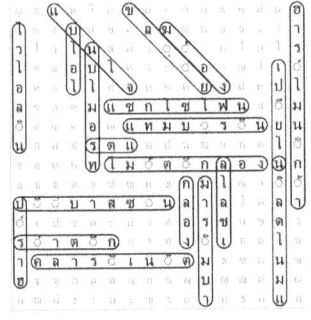

## 58 - Flores

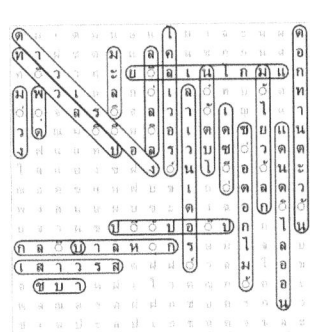

## 59 - Astronomía

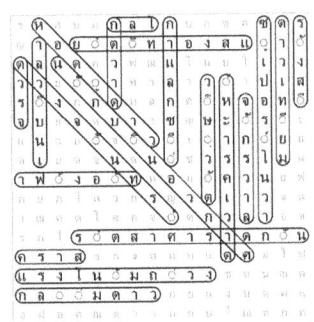

## 60 - Tiempo

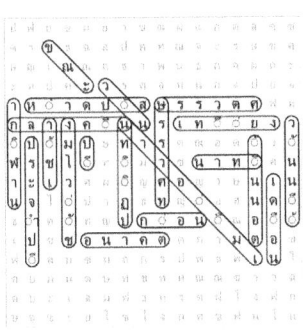

## 61 - Paisajes

## 62 - Días y Meses

## 63 - Biología

## 64 - Chocolate

## 65 - Barbacoas

## 66 - Ropa

## 67 - Meditación

## 68 - Café

## 69 - Libros

## 70 - Los Medios de Comunicación

## 71 - Nutrición

## 72 - Edificios

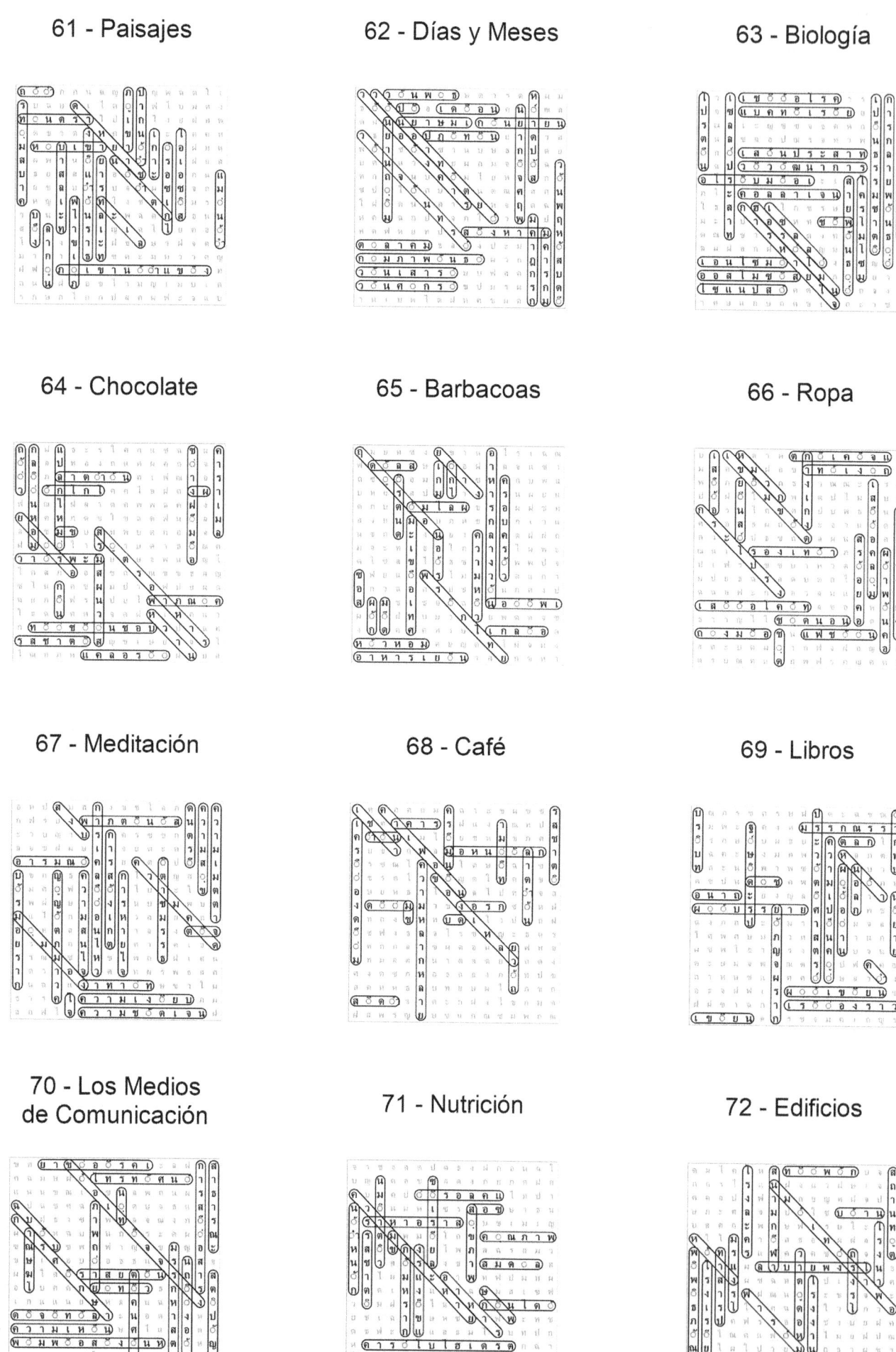

## 73 - Océano

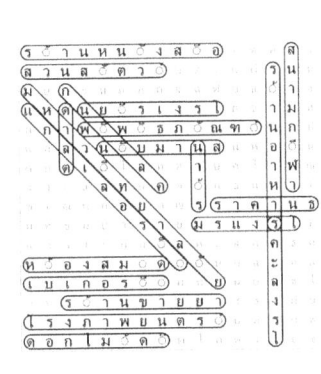

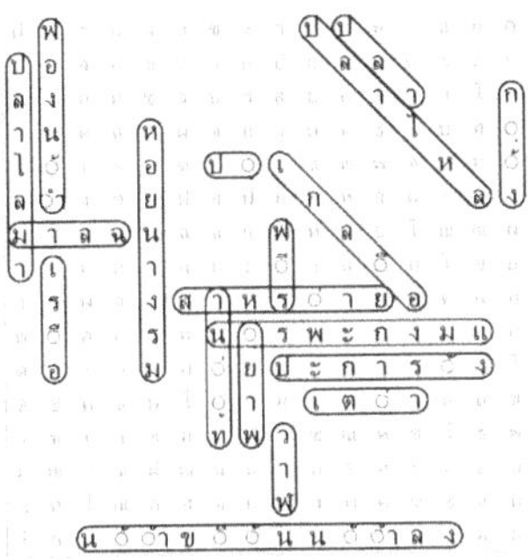

## 74 - Ciudad

## 75 - Agronomía

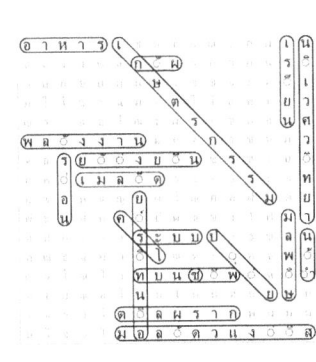

## 76 - Ingeniería

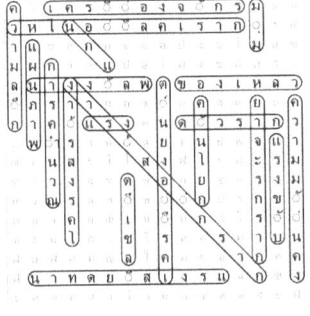

## 77 - Comida #1

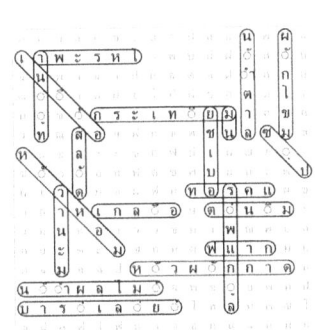

## 78 - Antigüedades

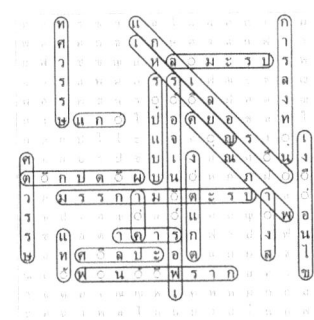

## 79 - Literatura

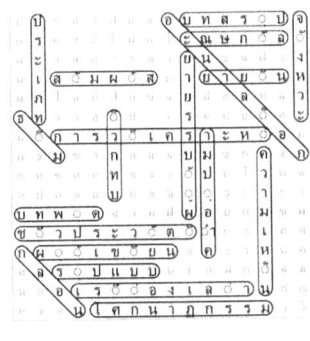

## 80 - Química

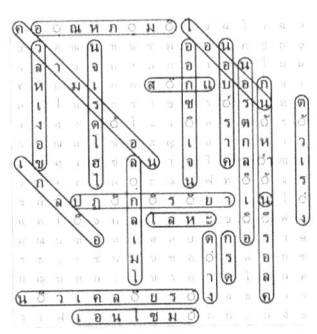

## 81 - Gobierno

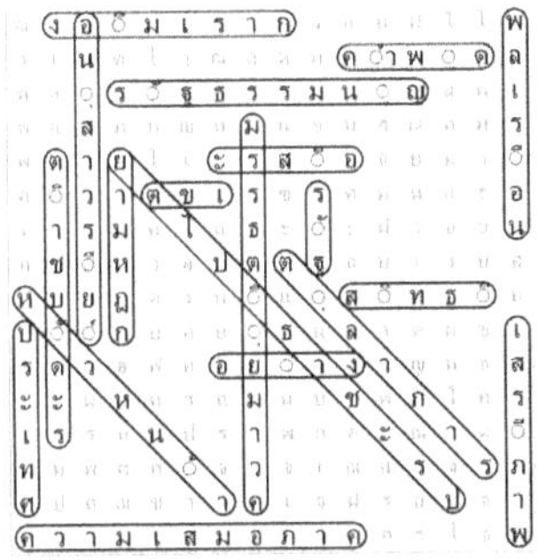

## 82 - Creatividad

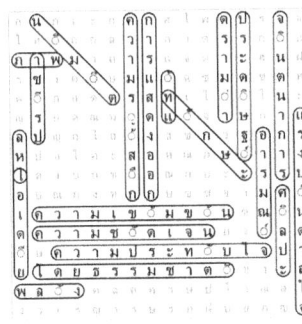

## 83 - Filantropía

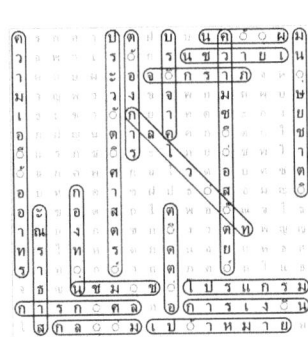

## 84 - Clima

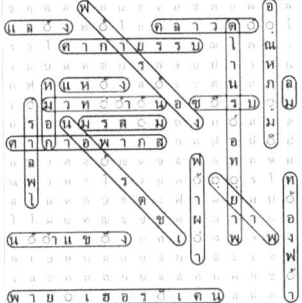

## 85 - Comida #2

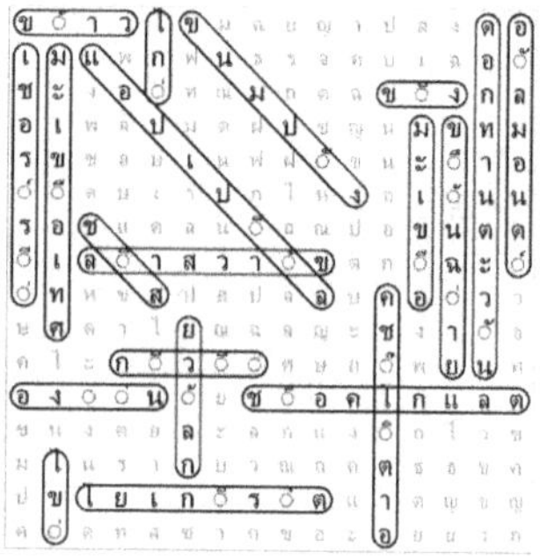

## 86 - Arte

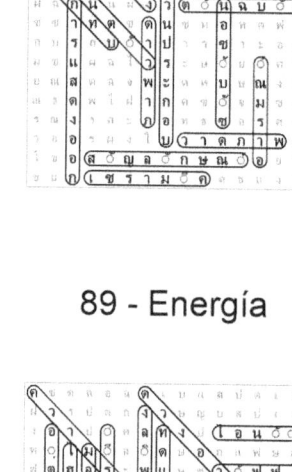

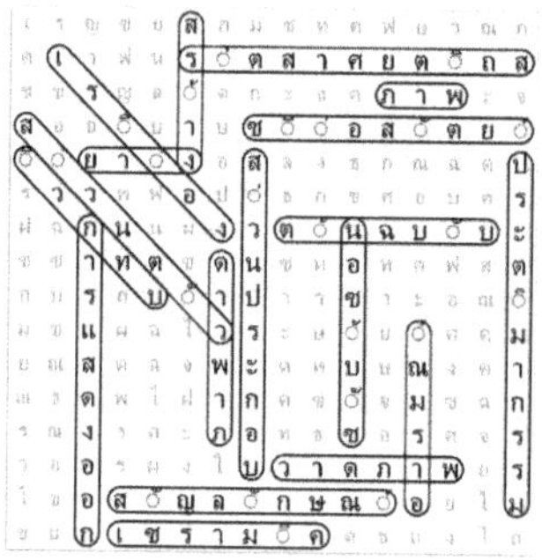

## 87 - Diplomacia

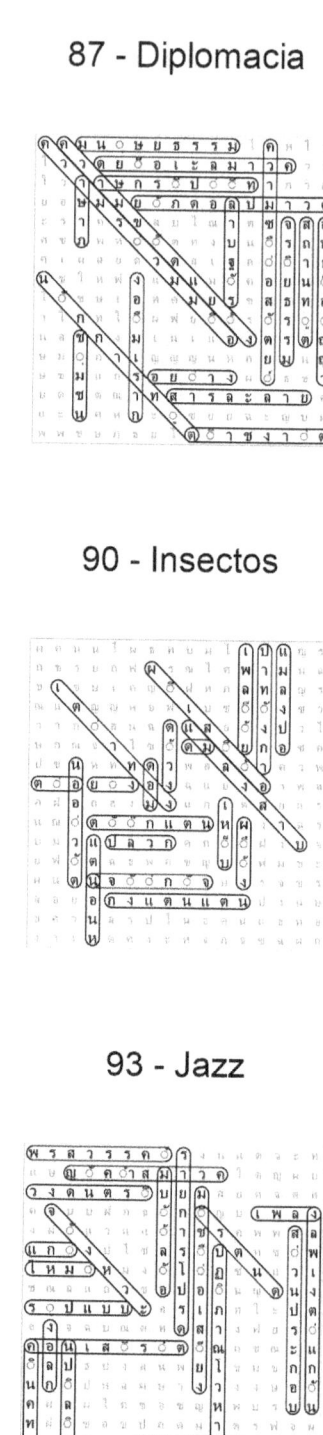

## 88 - Herboristería

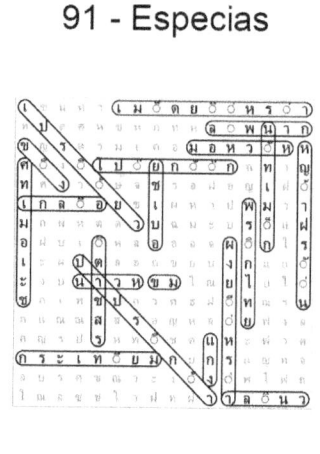

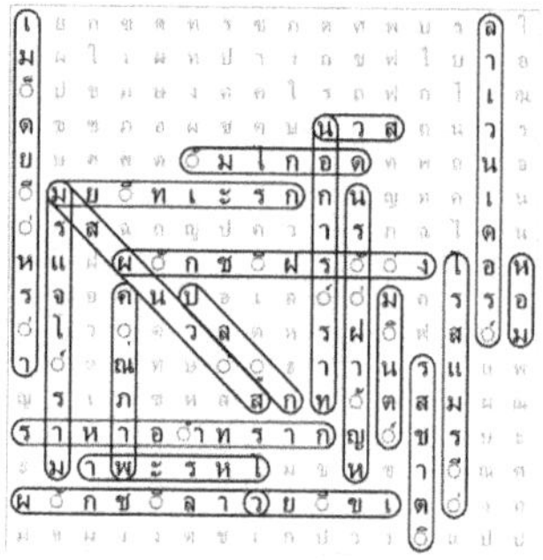

## 89 - Energía

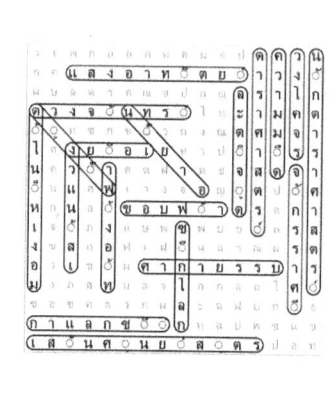

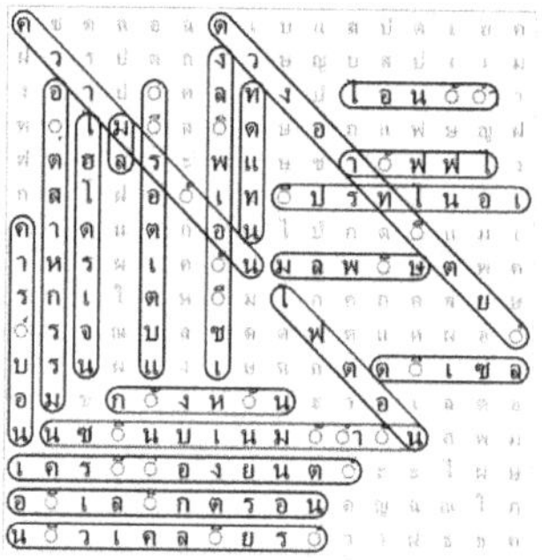

## 90 - Insectos

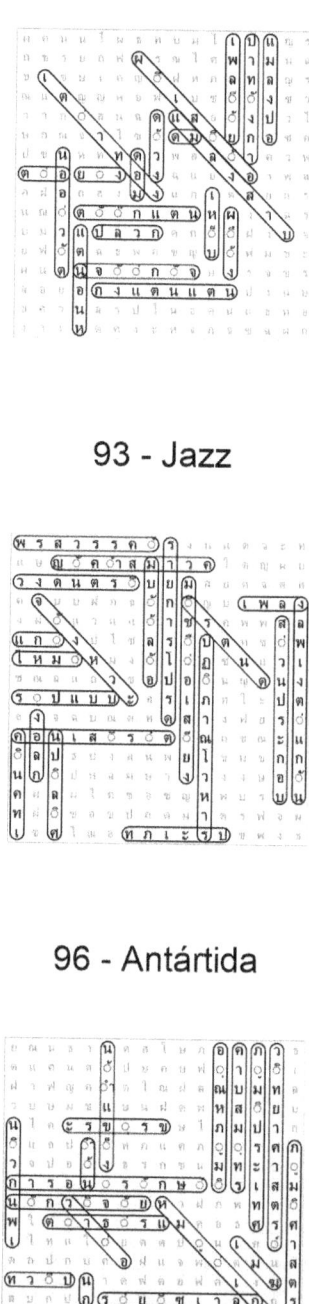

## 91 - Especias

## 92 - Universo

## 93 - Jazz

## 94 - Mediciones

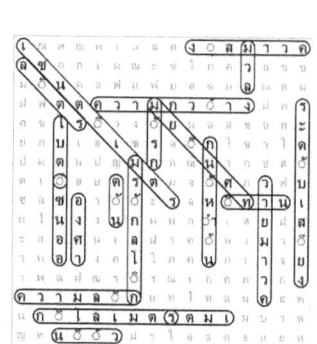

## 95 - Barcos

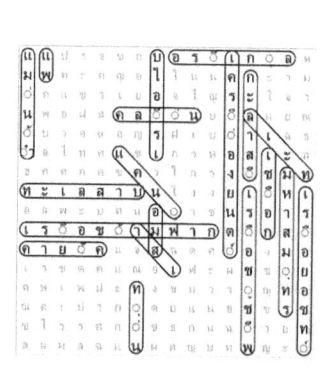

## 96 - Antártida

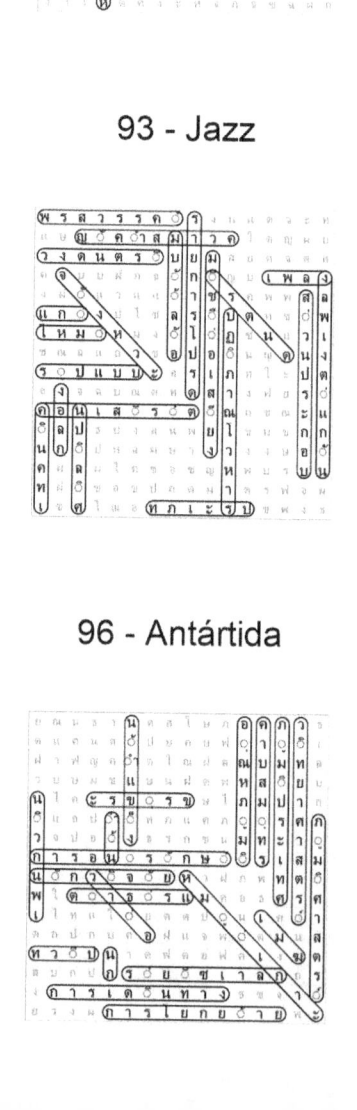

## 97 - Mamíferos

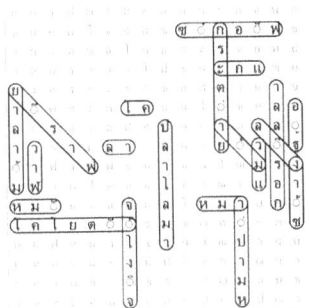

## 98 - Boxeo

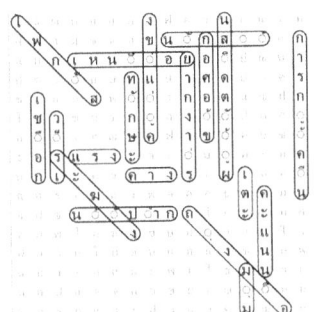

## 99 - Abejas

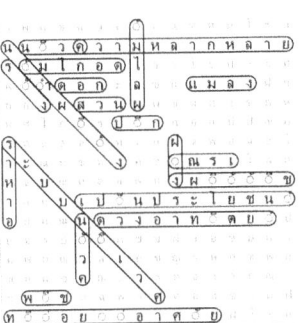

## 100 - Psicología

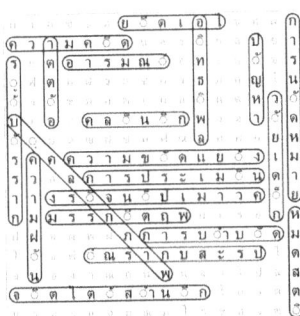

# Diccionario

## Abejas
ผึ้ง

| | |
|---|---|
| Alas | ปีก |
| Beneficioso | เป็นประโยชน์ |
| Cera | ขี้ผึ้ง |
| Colmena | รัง |
| Comida | อาหาร |
| Diversidad | ความหลากหลาย |
| Ecosistema | ระบบนิเวศ |
| Enjambre | ฝูง |
| Flor | ดอก |
| Flores | ดอกไม้ |
| Fruta | ผลไม้ |
| Hábitat | ที่อยู่อาศัย |
| Humo | ควัน |
| Insecto | แมลง |
| Jardín | สวน |
| Miel | น้ำผึ้ง |
| Plantas | พืช |
| Polen | เรณู |
| Reina | ควีน |
| Sol | ดวงอาทิตย์ |

## Actividades
กิจกรรมต่างๆ

| | |
|---|---|
| Actividad | กิจกรรม |
| Arte | ศิลปะ |
| Artesanía | งานฝีมือ |
| Caza | ล่าสัตว์ |
| Cerámica | เซรามิก |
| Costura | การเย็บ |
| Fotografía | การถ่ายภาพ |
| Habilidad | ทักษะ |
| Jardinería | การทำสวน |
| Juegos | เกม |
| Lectura | การอ่าน |
| Magia | มายากล |
| Ocio | เวลาว่าง |
| Pesca | ตกปลา |
| Pintura | ภาพวาด |
| Placer | ยินดี |
| Relajación | ผ่อนคลาย |
| Rompecabezas | ปริศนา |
| Tejer | ถัก |

## Adjetivos #1
คำคุณศัพท์ #1

| | |
|---|---|
| Absoluto | แน่นอน |
| Activo | คล่องแคล่ว |
| Ambicioso | ทะเยอทะยาน |
| Aromático | หอม |
| Atractivo | มีเสน่ห์ |
| Brillante | สว่าง |
| Exótico | แปลกใหม่ |
| Generoso | ใจกว้าง |
| Grande | ใหญ่ |
| Honesto | ซื่อสัตย์ |
| Importante | สำคัญ |
| Inocente | ผู้บริสุทธิ์ |
| Joven | หนุ่มสาว |
| Lento | ช้า |
| Moderno | ทันสมัย |
| Oscuro | มืด |
| Perfecto | สมบูรณ์ |
| Pesado | หนัก |
| Serio | จริงจัง |
| Valioso | มีค่า |

## Adjetivos #2
คำคุณศัพท์ #2

| | |
|---|---|
| Cansado | เหนื่อย |
| Comestible | กินได้ |
| Creativo | สร้างสรรค์ |
| Descriptivo | ธิบาย |
| Dramático | ดราม่า |
| Dulce | หวาน |
| Elegante | สง่า |
| Famoso | มีชื่อเสียง |
| Fresco | สด |
| Interesante | น่าสนใจ |
| Natural | เป็นธรรมชาติ |
| Normal | ปกติ |
| Nuevo | ใหม่ |
| Orgulloso | ภูมิใจ |
| Picante | เผ็ด |
| Productivo | อุดมสมบูรณ์ |
| Responsable | รับผิดชอบ |
| Salado | เค็ม |
| Saludable | แข็งแรง |
| Seco | แห้ง |

## Agronomía
ปฐพีวิทยา

| | |
|---|---|
| Agricultura | เกษตรกรรม |
| Agua | น้ำ |
| Ciencia | วิทยาศาสตร์ |
| Comida | อาหาร |
| Contaminación | มลพิษ |
| Ecología | นิเวศวิทยา |
| Energía | พลังงาน |
| Enfermedades | โรค |
| Erosión | ร่อน |
| Estudio | เรียน |
| Fertilizante | ปุ๋ย |
| Medio Ambiente | สิ่งแวดล้อม |
| Orgánico | อินทรีย์ |
| Plantas | พืช |
| Producción | การผลิต |
| Rural | ชนบท |
| Semillas | เมล็ด |
| Sistemas | ระบบ |
| Sostenible | ยั่งยืน |
| Verduras | ผัก |

## Agua
น้ำ

| | |
|---|---|
| Canal | คลอง |
| Ducha | อาบน้ำ |
| Evaporación | การระเหย |
| Géiser | น้ำพุร้อน |
| Hielo | น้ำแข็ง |
| Humedad | ความชื้น |
| Huracán | พายุเฮอริเคน |
| Húmedo | ชื้น |
| Inundación | น้ำท่วม |
| Lago | ทะเลสาบ |
| Lluvia | ฝน |
| Monzón | มรสุม |
| Nieve | หิมะ |
| Océano | มหาสมุทร |
| Olas | คลื่น |
| Potable | ดื่มได้ |
| Riego | ชลประทาน |
| Río | แม่น้ำ |
| Vapor | ไอน้ำ |

## *Ajedrez*
หมากรุก

| | |
|---|---|
| Aprender | เรียนรู้ |
| Blanco | ขาว |
| Campeón | แชมป์ |
| Diagonal | เส้นทแยงมุม |
| Estrategia | กลยุทธ์ |
| Inteligente | ฉลาด |
| Juego | เกม |
| Jugador | ผู้เล่น |
| Negro | สีดำ |
| Oponente | คู่แข่ง |
| Pasivo | รู |
| Puntos | คะแนน |
| Reglas | กฎ |
| Reina | ควีน |
| Rey | กษัตริย์ |
| Sacrificio | อุทิศ |
| Tiempo | เวลา |
| Torneo | การแข่งขัน |

## *Antártida*
ทวีปแอนตาร์กติกา

| | |
|---|---|
| Agua | น้ำ |
| Bahía | อ่าว |
| Científico | วิทยาศาสตร์ |
| Conservación | การอนุรักษ์ |
| Continente | ทวีป |
| Expedición | การเดินทาง |
| Geografía | ภูมิศาสตร์ |
| Glaciares | กลาเซียร์ |
| Hielo | น้ำแข็ง |
| Investigador | นักวิจัย |
| Islas | หมู่เกาะ |
| Migración | การโยกย้าย |
| Minerales | แร่ธาตุ |
| Nubes | เมฆ |
| Pájaros | นก |
| Península | คาบสมุทร |
| Pingüinos | เพนกวิน |
| Rocoso | ขรุขระ |
| Temperatura | อุณหภูมิ |
| Topografía | ภูมิประเทศ |

## *Antigüedades*
ของเก่า

| | |
|---|---|
| Arte | ศิลปะ |
| Auténtico | แท้ |
| Calidad | คุณภาพ |
| Condición | เงื่อนไข |
| Decorativo | ตกแต่ง |
| Décadas | ทศวรรษ |
| Elegante | สง่า |
| Escultura | ประติมากรรม |
| Estilo | รูปแบบ |
| Galería | แกลเลอรี่ |
| Inusual | ผิดปกติ |
| Inversión | การลงทุน |
| Monedas | เหรียญ |
| Mueble | เฟอร์นิเจอร์ |
| Precio | ราคา |
| Restauración | การฟื้นฟู |
| Siglo | ศตวรรษ |
| Subasta | ประมูล |
| Valor | ค่า |
| Viejo | แก่ |

## *Arqueología*
โบราณคดี

| | |
|---|---|
| Análisis | การวิเคราะห์ |
| Antigüedad | สมัยโบราณ |
| Años | ปี |
| Civilización | อารยธรรม |
| Descendiente | ลูกหลาน |
| Desconocido | ไม่ทราบ |
| Equipo | ทีม |
| Era | ยุค |
| Evaluación | การประเมิน |
| Experto | ผู้เชี่ยวชาญ |
| Fósil | ฟอสซิล |
| Huesos | กระดูก |
| Investigador | นักวิจัย |
| Misterio | ความลึกลับ |
| Objetos | วัตถุ |
| Olvidado | ลืม |
| Profesor | ศาสตราจารย์ |
| Reliquia | ของที่ระลึก |
| Templo | วัด |
| Tumba | หลุมฝังศพ |

## *Arte*
ศิลปะ

| | |
|---|---|
| Cerámica | เซรามิค |
| Complejo | ซับซ้อน |
| Composición | ส่วนประกอบ |
| Crear | สร้าง |
| Escultura | ประติมากรรม |
| Expresión | การแสดงออก |
| Honesto | ซื่อสัตย์ |
| Humor | อารมณ์ |
| Original | ต้นฉบับ |
| Personal | ส่วนตัว |
| Pinturas | ภาพวาด |
| Poesía | บทกวี |
| Retratar | วาดภาพ |
| Sencillo | ง่าย |
| Símbolo | สัญลักษณ์ |
| Surrealismo | สถิตยศาสตร์ |
| Tema | เรื่อง |
| Visual | ภาพ |

## *Astronomía*
ดาราศาสตร์

| | |
|---|---|
| Astronauta | นักบินอวกาศ |
| Astrónomo | นักดาราศาสตร์ |
| Cielo | ท้องฟ้า |
| Cohete | จรวด |
| Constelación | กลุ่มดาว |
| Eclipse | คราส |
| Equinoccio | วิษุวัต |
| Galaxia | กาแลกซี่ |
| Gravedad | แรงโน้มถ่วง |
| Luna | ดวงจันทร์ |
| Meteoro | ดาวตก |
| Nebulosa | เนบิวลา |
| Observatorio | หอดูดาว |
| Planeta | ดาวเคราะห์ |
| Radiación | รังสี |
| Satélite | ดาวเทียม |
| Solar | แสงอาทิตย์ |
| Supernova | ซูเปอร์โนวา |
| Tierra | โลก |
| Universo | จักรวาล |

## Aventura
### การผจญภัย

| | |
|---|---|
| Actividad | กิจกรรม |
| Alegría | จอย |
| Amigos | เพื่อน |
| Belleza | ความงาม |
| Destino | ปลายทาง |
| Dificultad | ความยาก |
| Excursión | ทัศนศึกษา |
| Inusual | ผิดปกติ |
| Naturaleza | ธรรมชาติ |
| Navegación | นำร่อง |
| Nuevo | ใหม่ |
| Oportunidad | โอกาส |
| Peligroso | อันตราย |
| Preparación | การตระเตรียม |
| Seguridad | ความปลอดภัย |
| Sorprendente | น่าแปลกใจ |
| Valentía | ความกล้าหาญ |
| Viajes | การเดินทาง |

## Aviones
### เครื่องบิน

| | |
|---|---|
| Aire | อากาศ |
| Altitud | ระดับความสูง |
| Altura | ความสูง |
| Aterrizaje | ท่าเรือ |
| Atmósfera | บรรยากาศ |
| Aventura | การผจญภัย |
| Cielo | ท้องฟ้า |
| Combustible | เชื้อเพลิง |
| Construcción | การก่อสร้าง |
| Dirección | ทิศทาง |
| Diseño | ออกแบบ |
| Globo | ลูกโป่ง |
| Hélices | ใบพัด |
| Hidrógeno | ไฮโดรเจน |
| Historia | ประวัติศาสตร์ |
| Motor | เครื่องยนต์ |
| Pasajero | ผู้โดยสาร |
| Piloto | นักบิน |
| Tripulación | ลูกเรือ |
| Turbulencia | ความปั่นป่วน |

## Álgebra
### พีชคณิต

| | |
|---|---|
| Cantidad | ปริมาณ |
| Cero | ศูนย์ |
| Diagrama | แผนภาพ |
| División | แผนก |
| Ecuación | สมการ |
| Exponente | ตัวแทน |
| Factor | ปัจจัย |
| Falso | เท็จ |
| Fórmula | สูตร |
| Fracción | เศษส่วน |
| Infinito | อนันต์ |
| Lineal | เชิงเส้น |
| Matriz | เมตริกซ์ |
| Número | ตัวเลข |
| Paréntesis | วงเล็บ |
| Problema | ปัญหา |
| Resta | การลบ |
| Simplificar | ทำ |
| Solución | สารละลาย |
| Variable | ตัวแปร |

## Ballet
### บัลเล่ต์

| | |
|---|---|
| Agraciado | สง่างาม |
| Aplauso | เสียงปรบมือ |
| Artístico | ศิลปะ |
| Audiencia | ผู้ชม |
| Bailarines | นักเต้น |
| Compositor | นักแต่งเพลง |
| Ensayo | ซ้อม |
| Estilo | รูปแบบ |
| Expresivo | แสดงออก |
| Gesto | ท่าทาง |
| Habilidad | ทักษะ |
| Intensidad | ความเข้มข้น |
| Lecciones | บทเรียน |
| Músculos | กล้ามเนื้อ |
| Música | ดนตรี |
| Orquesta | วงดนตรี |
| Ritmo | จังหวะ |
| Solo | เดี่ยว |
| Técnica | เทคนิค |

## Barbacoas
### บาร์บีคิว

| | |
|---|---|
| Almuerzo | อาหารกลางวัน |
| Amigos | เพื่อน |
| Caliente | ร้อน |
| Cebollas | หัวหอม |
| Cena | อาหารเย็น |
| Cuchillos | มีด |
| Ensaladas | สลัด |
| Familia | ครอบครัว |
| Fruta | ผลไม้ |
| Hambre | ความหิว |
| Juegos | เกม |
| Música | ดนตรี |
| Parrilla | ย่าง |
| Pimienta | พริกไทย |
| Pollo | ไก่ |
| Sal | เกลือ |
| Salsa | ซอส |
| Tomates | มะเขือเทศ |
| Verano | ฤดูร้อน |
| Verduras | ผัก |

## Barcos
### เรือ

| | |
|---|---|
| Ancla | สมอ |
| Balsa | แพ |
| Bote Salvavidas | เรือชูชีพ |
| Boya | ทุ่น |
| Canoa | แคนู |
| Cuerda | เชือก |
| Ferry | เรือข้ามฟาก |
| Kayak | คายัค |
| Lago | ทะเลสาบ |
| Mar | ทะเล |
| Marinero | กะลาสี |
| Mástil | เสา |
| Motor | เครื่องยนต์ |
| Océano | มหาสมุทร |
| Olas | คลื่น |
| Río | แม่น้ำ |
| Tripulación | ลูกเรือ |
| Velero | เรือใบ |
| Yate | เรือยอชท์ |

## Belleza
ความงาม

| | |
|---|---|
| Aceites | น้ำมัน |
| Aroma | กลิ่น |
| Champú | แชมพู |
| Color | สี |
| Cosméticos | เครื่องสำอาง |
| Elegancia | ความงดงาม |
| Elegante | สง่า |
| Encanto | เสน่ห์ |
| Espejo | กระจก |
| Estilista | สไตลิสต์ |
| Fotogénico | ถ่ายรูป |
| Fragancia | กลิ่นหอม |
| Gracia | เกรซ |
| Maquillaje | แต่งหน้า |
| Piel | ผิว |
| Pintalabios | ลิปสติก |
| Rizos | หยิก |
| Rímel | มาสคาร่า |
| Servicios | บริการ |
| Tijeras | กรรไกร |

## Biología
ชีววิทยา

| | |
|---|---|
| Bacterias | แบคทีเรีย |
| Celda | เซลล์ |
| Colágeno | คอลลาเจน |
| Cromosoma | โครโมโซม |
| Embrión | เอ็มบริโอ |
| Enzima | เอนไซม์ |
| Especie | สายพันธุ์ |
| Evolución | วิวัฒนาการ |
| Hormona | ฮอร์โมน |
| Mutación | การกลายพันธุ์ |
| Natural | เป็นธรรมชาติ |
| Nervio | เส้นประสาท |
| Neurona | เซลล์ประสาท |
| Ósmosis | ออสโมซิส |
| Patógeno | เชื้อโรค |
| Plantas | พืช |
| Proteína | โปรตีน |
| Respiración | การหายใจ |
| Simbiosis | ซิมไบโอซิส |
| Sinapsis | ไซแนปส์ |

## Boxeo
การต่อยมวย

| | |
|---|---|
| Árbitro | ผู้ตัดสิน |
| Barbilla | คาง |
| Campana | ระฆัง |
| Centrar | โฟกัส |
| Codo | ข้อศอก |
| Cuerdas | เชือก |
| Cuerpo | ร่างกาย |
| Esquina | มุม |
| Exhausto | เหนื่อย |
| Fuerza | แรง |
| Guantes | ถุงมือ |
| Habilidad | ทักษะ |
| Luchador | นักสู้ |
| Oponente | คู่แข่ง |
| Patear | เตะ |
| Puntos | คะแนน |
| Puño | กำปั้น |
| Rápido | เร็ว |
| Recuperación | การกู้คืน |

## Café
กาแฟ

| | |
|---|---|
| Agua | น้ำ |
| Amargo | ขม |
| Aroma | กลิ่นหอม |
| Azúcar | น้ำตาล |
| Beber | ดื่ม |
| Bebida | เครื่องดื่ม |
| Cafeína | คาเฟอีน |
| Crema | ครีม |
| Filtro | กรอง |
| Leche | นม |
| Líquido | ของเหลว |
| Mañana | เช้า |
| Moler | บด |
| Negro | สีดำ |
| Origen | ที่มา |
| Precio | ราคา |
| Sabor | รสชาติ |
| Taza | ถ้วย |
| Variedad | ความหลากหลาย |

## Calentamiento Global
ภาวะโลกร้อน

| | |
|---|---|
| Ahora | ตอนนี้ |
| Atención | ความสนใจ |
| Ártico | อาร์กติก |
| Clima | ภูมิอากาศ |
| Consecuencias | ผลที่ตามมา |
| Crisis | วิกฤติ |
| Datos | ข้อมูล |
| Desarrollo | การพัฒนา |
| Energía | พลังงาน |
| Futuro | อนาคต |
| Gas | แก๊ส |
| Generaciones | รุ่น |
| Gobierno | รัฐบาล |
| Humanos | มนุษย์ |
| Industria | อุตสาหกรรม |
| Internacional | ระหว่างประเทศ |
| Legislación | กฎหมาย |
| Poblaciones | ประชากร |
| Significativo | สำคัญ |
| Temperaturas | อุณหภูมิ |

## Camping
ค่ายพักแรม

| | |
|---|---|
| Animales | สัตว์ |
| Aventura | การผจญภัย |
| Árboles | ต้นไม้ |
| Bosque | ป่า |
| Brújula | เข็มทิศ |
| Cabina | ห้าง |
| Canoa | แคนู |
| Carpa | เต็นท์ |
| Caza | ล่าสัตว์ |
| Cuerda | เชือก |
| Equipo | อุปกรณ์ |
| Fuego | ไฟ |
| Hamaca | เปลญวน |
| Insecto | แมลง |
| Lago | ทะเลสาบ |
| Luna | ดวงจันทร์ |
| Mapa | แผนที่ |
| Montaña | ภูเขา |
| Naturaleza | ธรรมชาติ |
| Sombrero | หมวก |

## Casa
บ้าน

| | |
|---|---|
| Alfombra | พรม |
| Ático | ห้องใต้หลังคา |
| Biblioteca | ห้องสมุด |
| Chimenea | เตาผิง |
| Cocina | ครัว |
| Dormitorio | ห้องนอน |
| Ducha | อาบน้ำ |
| Escoba | ไม้กวาด |
| Espejo | กระจก |
| Garaje | โรงรถ |
| Grifo | ก๊อก |
| Jardín | สวน |
| Lámpara | โคมไฟ |
| Pared | ผนัง |
| Piso | พื้น |
| Puerta | ประตู |
| Sótano | ชั้นใต้ดิน |
| Techo | หลังคา |
| Valla | รั้ว |
| Ventana | หน้าต่าง |

## Chocolate
ช็อกโกแลต

| | |
|---|---|
| Amargo | ขม |
| Aroma | กลิ่นหอม |
| Artesanal | ช่างฝีมือ |
| Azúcar | น้ำตาล |
| Cacahuetes | ถั่ว |
| Cacao | โกโก้ |
| Calidad | คุณภาพ |
| Calorías | แคลอรี่ |
| Caramelo | คาราเมล |
| Coco | มะพร้าว |
| Comer | กิน |
| Delicioso | อร่อย |
| Dulce | หวาน |
| Exótico | แปลกใหม่ |
| Favorito | ที่ชื่นชอบ |
| Gusto | รส |
| Ingrediente | ส่วนผสม |
| Polvo | ผง |
| Receta | สูตรอาหาร |
| Sabor | รสชาติ |

## Ciencia
วิทยาศาสตร์

| | |
|---|---|
| Átomo | อะตอม |
| Clima | ภูมิอากาศ |
| Datos | ข้อมูล |
| Evolución | วิวัฒนาการ |
| Experimento | การทดลอง |
| Física | ฟิสิกส์ |
| Fósil | ฟอสซิล |
| Gravedad | แรงโน้มถ่วง |
| Hecho | ข้อเท็จจริง |
| Hipótesis | สมมติฐาน |
| Método | วิธี |
| Minerales | แร่ธาตุ |
| Moléculas | โมเลกุล |
| Naturaleza | ธรรมชาติ |
| Observación | การสังเกต |
| Organismo | สิ่งมีชีวิต |
| Partículas | อนุภาค |
| Plantas | พืช |
| Químico | เคมี |

## Ciencia Ficción
นิยายวิทยาศาสตร์

| | |
|---|---|
| Atómico | อะตอม |
| Cine | โรงภาพยนตร์ |
| Distante | ไกล |
| Escenario | สถานการณ์ |
| Explosión | การระเบิด |
| Extremo | สุดขีด |
| Fantástico | มหัศจรรย์ |
| Fuego | ไฟ |
| Futurista | อนาคต |
| Galaxia | กาแลกซี่ |
| Ilusión | ภาพลวงตา |
| Imaginario | เพ้อฝัน |
| Libros | หนังสือ |
| Misterioso | ลึกลับ |
| Mundo | โลก |
| Oráculo | สิทธิ์ |
| Planeta | ดาวเคราะห์ |
| Robots | หุ่นยนต์ |
| Tecnología | เทคโนโลยี |
| Utopía | ยูโทเปีย |

## Ciudad
เมือง

| | |
|---|---|
| Aeropuerto | สนามบิน |
| Banco | ธนาคาร |
| Biblioteca | ห้องสมุด |
| Cine | โรงภาพยนตร์ |
| Clínica | คลินิก |
| Escuela | โรงเรียน |
| Estadio | สนามกีฬา |
| Farmacia | ร้านขายยา |
| Florista | ดอกไม้ดี |
| Galería | แกลเลอรี่ |
| Hotel | โรงแรม |
| Librería | ร้านหนังสือ |
| Mercado | ตลาด |
| Museo | พิพิธภัณฑ์ |
| Panadería | เบเกอรี่ |
| Restaurante | ร้านอาหาร |
| Teatro | โรงละคร |
| Tienda | ร้าน |
| Universidad | มหาวิทยาลัย |
| Zoo | สวนสัตว์ |

## Clima
สภาพอากาศ

| | |
|---|---|
| Atmósfera | บรรยากาศ |
| Brisa | บรีซ |
| Cielo | ท้องฟ้า |
| Clima | สภาพอากาศ |
| Hielo | น้ำแข็ง |
| Huracán | พายุเฮอริเคน |
| Inundación | น้ำท่วม |
| Monzón | มรสุม |
| Niebla | หมอก |
| Nube | คลาวด์ |
| Polar | โพลาร์ |
| Rayo | ฟ้าผ่า |
| Seco | แห้ง |
| Sequía | แล้ง |
| Temperatura | อุณหภูมิ |
| Tormenta | พายุ |
| Tornado | พายุทอร์นาโด |
| Tropical | เขตร้อน |
| Trueno | ฟ้าร้อง |
| Viento | ลม |

## *Cocina*
ห้องครัว

| | |
|---|---|
| **Caldera** | กาต้มน้ำ |
| **Comer** | กิน |
| **Comida** | อาหาร |
| **Cucharas** | ช้อน |
| **Cucharón** | ทัพพี |
| **Cuchillos** | มีด |
| **Delantal** | ผ้ากันเปื้อน |
| **Especias** | เครื่องเทศ |
| **Esponja** | ฟองน้ำ |
| **Horno** | เตาอบ |
| **Jarra** | เหยือก |
| **Palillos** | ตะเกียบ |
| **Parrilla** | ย่าง |
| **Receta** | สูตรอาหาร |
| **Refrigerador** | ตู้เย็น |
| **Servilleta** | ผ้าเช็ดปาก |
| **Tazas** | ถ้วย |
| **Tazón** | ชาม |
| **Tenedores** | ส้อม |

## *Colores*
สีสัน

| | |
|---|---|
| **Amarillo** | สีเหลือง |
| **Azul** | สีน้ำเงิน |
| **Azur** | สีฟ้า |
| **Beige** | เบจ |
| **Blanco** | ขาว |
| **Carmesí** | สีแดงเข้ม |
| **Fucsia** | ฟูเชีย |
| **Gris** | เทา |
| **Índigo** | คราม |
| **Magenta** | สีม่วงแดง |
| **Marrón** | สีน้ำตาล |
| **Naranja** | ส้ม |
| **Negro** | สีดำ |
| **Púrpura** | สีม่วง |
| **Rojo** | แดง |
| **Rosa** | ชมพู |
| **Sepia** | ซีเปีย |
| **Verde** | เขียว |

## *Comida #1*
อาหาร #1

| | |
|---|---|
| **Ajo** | กระเทียม |
| **Albahaca** | โหระพา |
| **Atún** | ทูน่า |
| **Azúcar** | น้ำตาล |
| **Café** | กาแฟ |
| **Canela** | อบเชย |
| **Carne** | เนื้อ |
| **Cebada** | บาร์เลย์ |
| **Cebolla** | หัวหอม |
| **Ensalada** | สลัด |
| **Espinacas** | ผักโขม |
| **Jugo** | น้ำผลไม้ |
| **Leche** | นม |
| **Limón** | มะนาว |
| **Menta** | มินต์ |
| **Nabo** | หัวผักกาด |
| **Pera** | ลูกแพร์ |
| **Sal** | เกลือ |
| **Sopa** | ซุป |
| **Zanahoria** | แครอท |

## *Comida #2*
อาหาร #2

| | |
|---|---|
| **Alcachofa** | อาติโช๊ค |
| **Almendra** | อัลมอนด์ |
| **Apio** | ขึ้นฉ่าย |
| **Arroz** | ข้าว |
| **Berenjena** | มะเขือ |
| **Cereza** | เชอร์รี่ |
| **Chocolate** | ช็อคโกแลต |
| **Girasol** | ดอกทานตะวัน |
| **Huevo** | ไข่ |
| **Jengibre** | ขิง |
| **Kiwi** | กีวี่ |
| **Manzana** | แอปเปิ้ล |
| **Pan** | ขนมปัง |
| **Plátano** | กล้วย |
| **Pollo** | ไก่ |
| **Queso** | ชีส |
| **Tomate** | มะเขือเทศ |
| **Trigo** | ข้าวสาลี |
| **Uva** | องุ่น |
| **Yogur** | โยเกิร์ต |

## *Conduciendo*
การขับรถ

| | |
|---|---|
| **Accidente** | อุบัติเหตุ |
| **Calle** | ถนน |
| **Camión** | รถบรรทุก |
| **Coche** | รถ |
| **Combustible** | เชื้อเพลิง |
| **Frenos** | เบรค |
| **Garaje** | โรงรถ |
| **Gas** | แก๊ส |
| **Licencia** | ใบอนุญาต |
| **Mapa** | แผนที่ |
| **Motocicleta** | รถจักรยานยนต์ |
| **Motor** | เครื่องยนต์ |
| **Peatonal** | คนเดินเท้า |
| **Peligro** | อันตราย |
| **Policía** | ตำรวจ |
| **Seguridad** | ความปลอดภัย |
| **Transporte** | การขนส่ง |
| **Tráfico** | การจราจร |
| **Túnel** | อุโมงค์ |
| **Velocidad** | ความเร็ว |

## *Creatividad*
ความคิดสร้างสรรค์

| | |
|---|---|
| **Artístico** | ศิลปะ |
| **Autenticidad** | แท้ |
| **Claridad** | ความชัดเจน |
| **Dramático** | ดราม่า |
| **Emociones** | อารมณ์ |
| **Espontáneo** | โดยธรรมชาติ |
| **Expresión** | การแสดงออก |
| **Fluidez** | ไหล |
| **Habilidad** | ทักษะ |
| **Ideas** | ไอเดีย |
| **Imagen** | ภาพ |
| **Imaginación** | จินตนาการ |
| **Impresión** | ความประทับใจ |
| **Inspiración** | แรงบันดาลใจ |
| **Intensidad** | ความเข้มข้น |
| **Intuición** | ปรีชา |
| **Inventivo** | ประดิษฐ์ |
| **Sentimientos** | ความรู้สึก |
| **Visiones** | นิมิต |
| **Vitalidad** | พลัง |

## Cuerpo Humano
### ร่างกายมนุษย์

| | |
|---|---|
| Barbilla | คาง |
| Boca | ปาก |
| Cabeza | หัว |
| Cara | หน้า |
| Cerebro | สมอง |
| Codo | ข้อศอก |
| Corazón | หัวใจ |
| Cuello | คอ |
| Dedo | นิ้ว |
| Hombro | ไหล่ |
| Lengua | ลิ้น |
| Mano | มือ |
| Nariz | จมูก |
| Ojo | ตา |
| Oreja | หู |
| Piel | ผิว |
| Pierna | ขา |
| Rodilla | เข่า |
| Sangre | เลือด |
| Tobillo | ข้อเท้า |

## Diplomacia
### การทูต

| | |
|---|---|
| Asesor | ที่ปรึกษา |
| Comunidad | ชุมชน |
| Conflicto | ความขัดแย้ง |
| Cooperación | ความร่วมมือ |
| Diplomático | นักการทูต |
| Discusión | อย่าง |
| Embajada | สถานทูต |
| Embajador | เอกอัครราชทูต |
| Extranjero | ต่างชาติ |
| Ética | จริยธรรม |
| Gobierno | รัฐบาล |
| Humanitario | มนุษยธรรม |
| Idiomas | ภาษา |
| Integridad | ความซื่อสัตย์ |
| Justicia | ความยุติธรรม |
| Política | การเมือง |
| Resolución | ความละเอียด |
| Seguridad | ความปลอดภัย |
| Solución | สารละลาย |
| Tratado | สนธิสัญญา |

## Disciplinas Científicas
### สาขาวิชาวิทยาศาสตร์

| | |
|---|---|
| Arqueología | โบราณคดี |
| Astronomía | ดาราศาสตร์ |
| Biología | ชีววิทยา |
| Bioquímica | ชีวเคมี |
| Botánica | พฤกษศาสตร์ |
| Ecología | นิเวศวิทยา |
| Fisiología | สรีรวิทยา |
| Geología | ธรณีวิทยา |
| Lingüística | ภาษาศาสตร์ |
| Mecánica | กลศาสตร์ |
| Meteorología | อุตุนิยมวิทยา |
| Mineralogía | แร่วิทยา |
| Neurología | ประสาทวิทยา |
| Nutrición | โภชนาการ |
| Psicología | จิตวิทยา |
| Química | เคมี |
| Robótica | หุ่นยนต์ |
| Sociología | สังคมวิทยา |
| Termodinámica | อุณหพลศาสตร์ |
| Zoología | สัตววิทยา |

## Días y Meses
### วันและเดือน

| | |
|---|---|
| Abril | เมษายน |
| Agosto | สิงหาคม |
| Año | ปี |
| Calendario | ปฏิทิน |
| Domingo | วันอาทิตย์ |
| Enero | มกราคม |
| Febrero | กุมภาพันธ์ |
| Jueves | วันพฤหัสบดี |
| Julio | กรกฎาคม |
| Junio | มิถุนายน |
| Lunes | วันจันทร์ |
| Martes | วันอังคาร |
| Mes | เดือน |
| Miércoles | วันพุธ |
| Noviembre | พฤศจิกายน |
| Octubre | ตุลาคม |
| Sábado | วันเสาร์ |
| Semana | สัปดาห์ |
| Septiembre | กันยายน |
| Viernes | วันศุกร์ |

## Ecología
### นิเวศวิทยา

| | |
|---|---|
| Clima | ภูมิอากาศ |
| Comunidades | ชุมชน |
| Diversidad | ความหลากหลาย |
| Especie | สายพันธุ์ |
| Fauna | สัตว์ป่า |
| Flora | ฟลอรา |
| Global | ทั่วโลก |
| Hábitat | ที่อยู่อาศัย |
| Marino | ทะเล |
| Montañas | ภูเขา |
| Natural | เป็นธรรมชาติ |
| Naturaleza | ธรรมชาติ |
| Pantano | บึง |
| Recursos | ทรัพยากร |
| Sequía | แล้ง |
| Sostenible | ยั่งยืน |
| Supervivencia | การอยู่รอด |
| Vegetación | พืช |
| Voluntarios | อาสาสมัคร |

## Edificios
### สิ่งปลูกสร้าง

| | |
|---|---|
| Albergue | ที่พัก |
| Apartamento | อพาร์ทเม้น |
| Cabina | ห้าง |
| Casa | บ้าน |
| Castillo | ปราสาท |
| Cine | โรงภาพยนตร์ |
| Embajada | สถานทูต |
| Escuela | โรงเรียน |
| Estadio | สนามกีฬา |
| Fábrica | โรงงาน |
| Garaje | โรงรถ |
| Granero | โรงนา |
| Granja | ฟาร์ม |
| Hospital | โรงพยาบาล |
| Hotel | โรงแรม |
| Museo | พิพิธภัณฑ์ |
| Observatorio | หอดูดาว |
| Teatro | โรงละคร |
| Torre | หอคอย |
| Universidad | มหาวิทยาลัย |

## Energía
### พลังงาน

| | |
|---|---|
| Batería | แบตเตอรี่ |
| Calor | ความร้อน |
| Carbono | คาร์บอน |
| Combustible | เชื้อเพลิง |
| Contaminación | มลพิษ |
| Diesel | ดีเซล |
| Electrón | อิเล็กตรอน |
| Eléctrico | ไฟฟ้า |
| Entropía | เอนโทรปี |
| Fotón | โฟตอน |
| Gasolina | น้ำมันเบนซิน |
| Hidrógeno | ไฮโดรเจน |
| Industria | อุตสาหกรรม |
| Motor | เครื่องยนต์ |
| Nuclear | นิวเคลียร์ |
| Renovable | ทดแทน |
| Sol | ดวงอาทิตย์ |
| Turbina | กังหัน |
| Vapor | ไอน้ำ |
| Viento | ลม |

## Enfermedad
### โรค

| | |
|---|---|
| Abdominal | ท้อง |
| Alergias | ภูมิแพ้ |
| Contagioso | โรคติดต่อ |
| Corazón | หัวใจ |
| Crónica | เรื้อรัง |
| Cuerpo | ร่างกาย |
| Débil | อ่อนแอ |
| Genético | ทางพันธุกรรม |
| Hereditario | กรรมพันธุ์ |
| Huesos | กระดูก |
| Inflamación | การอักเสบ |
| Inmunidad | ภูมิคุ้มกัน |
| Lumbar | ลุมบาร์ |
| Neuropatía | โรคประสาท |
| Patógenos | เชื้อโรค |
| Pulmonar | เกี่ยวกับปอด |
| Respiratorio | หายใจ |
| Salud | สุขภาพ |
| Síndrome | ซินโดรม |
| Terapia | การบำบัด |

## Especias
### เครื่องเทศ

| | |
|---|---|
| Agrio | เปรี้ยว |
| Ajo | กระเทียม |
| Amargo | ขม |
| Anís | โป๊ยกั๊ก |
| Azafrán | หญ้าฝรั่น |
| Canela | อบเชย |
| Cebolla | หัวหอม |
| Clavo | กานพลู |
| Comino | ผงยี่หร่า |
| Curry | แกง |
| Dulce | หวาน |
| Hinojo | เม็ดยี่หร่า |
| Jengibre | ขิง |
| Nuez Moscada | นัทเม็ก |
| Pimentón | ปาปริก้า |
| Pimienta | พริกไทย |
| Regaliz | ชะเอมเทศ |
| Sabor | รสชาติ |
| Sal | เกลือ |
| Vainilla | วนิลา |

## Familia
### ครอบครัว

| | |
|---|---|
| Abuela | ยาย |
| Abuelo | ปู่ |
| Antepasado | บรรพบุรุษ |
| Esposa | ภรรยา |
| Gemelos | ฝาแฝด |
| Hermana | น้องสาว |
| Hermano | น้องชาย |
| Hija | ลูกสาว |
| Infancia | วัยเด็ก |
| Madre | แม่ |
| Marido | สามี |
| Materno | มารดา |
| Nieto | หลาน |
| Niño | เด็ก |
| Padre | พ่อ |
| Primo | ลูกพี่ลูกน้อง |
| Sobrina | หลานสาว |
| Sobrino | หลานชาย |
| Tía | ป้า |
| Tío | ลุง |

## Filantropía
### การกุศล

| | |
|---|---|
| Caridad | การกุศล |
| Comunidad | ชุมชน |
| Contactos | ติดต่อ |
| Donar | บริจาค |
| Finanzas | การเงิน |
| Fondos | กองทุน |
| Generosidad | ความเอื้ออาทร |
| Gente | ผู้คน |
| Global | ทั่วโลก |
| Grupos | กลุ่ม |
| Historia | ประวัติศาสตร์ |
| Honestidad | ความซื่อสัตย์ |
| Humanidad | มนุษยชาติ |
| Juventud | เยาวชน |
| Metas | เป้าหมาย |
| Misión | ภารกิจ |
| Necesitar | ต้องการ |
| Programas | โปรแกรม |
| Público | สาธารณะ |

## Física
### ฟิสิกส์

| | |
|---|---|
| Átomo | อะตอม |
| Caos | ความวุ่นวาย |
| Densidad | ความหนาแน่น |
| Electrón | อิเล็กตรอน |
| Fórmula | สูตร |
| Frecuencia | ความถี่ |
| Gas | แก๊ส |
| Gravedad | แรงโน้มถ่วง |
| Magnetismo | แม่เหล็ก |
| Masa | มวล |
| Mecánica | กลศาสตร์ |
| Molécula | โมเลกุล |
| Motor | เครื่องยนต์ |
| Nuclear | นิวเคลียร์ |
| Partícula | อนุภาค |
| Químico | เคมี |
| Relatividad | สัมพัทธภาพ |
| Universal | สากล |
| Variable | ตัวแปร |
| Velocidad | ความเร็ว |

## *Flores*
ดอกไม้

| | |
|---|---|
| **Amapola** | ป๊อปปี้ |
| **Caléndula** | ดาวเรือง |
| **Diente de León** | แดนดิไลออน |
| **Gardenia** | พุด |
| **Girasol** | ดอกทานตะวัน |
| **Hibisco** | ชบา |
| **Jazmín** | มะลิ |
| **Lavanda** | ลาเวนเดอร์ |
| **Lila** | ม่วง |
| **Lirio** | ลิลลี่ |
| **Magnolia** | แมกโนเลีย |
| **Margarita** | เดซี่ |
| **Orquídea** | กล้วยไม้ |
| **Pasionaria** | เสาวรส |
| **Peonía** | โบตั๋น |
| **Pétalo** | กลีบ |
| **Ramo** | ช่อดอกไม้ |
| **Rosa** | กุหลาบ |
| **Trébol** | โคลเวอร์ |
| **Tulipán** | ทิวลิป |

## *Fruta*
ผลไม้

| | |
|---|---|
| **Aguacate** | อาโวคาโด |
| **Albaricoque** | แอปริคอท |
| **Baya** | เบอร์รี่ |
| **Cereza** | เชอร์รี่ |
| **Coco** | มะพร้าว |
| **Frambuesa** | ราสเบอร์รี่ |
| **Guayaba** | ฝรั่ง |
| **Kiwi** | กีวี่ |
| **Limón** | มะนาว |
| **Mango** | มะม่วง |
| **Manzana** | แอปเปิ้ล |
| **Melocotón** | พีช |
| **Melón** | เมลอน |
| **Naranja** | ส้ม |
| **Nectarina** | เนคทารีน |
| **Papaya** | มะละกอ |
| **Pera** | ลูกแพร์ |
| **Piña** | สัปปะรด |
| **Plátano** | กล้วย |
| **Uva** | องุ่น |

## *Fuerza y Gravedad*
แรงและแรงโน้มถ่วง

| | |
|---|---|
| **Centro** | ศูนย์กลาง |
| **Descubrimiento** | การค้นพบ |
| **Dinámico** | พลวัต |
| **Distancia** | ระยะทาง |
| **Eje** | แกน |
| **Expansión** | การขยายตัว |
| **Física** | ฟิสิกส์ |
| **Fricción** | แรงเสียดทาน |
| **Impacto** | ผลกระทบ |
| **Impulso** | โมเมนตัม |
| **Magnetismo** | แม่เหล็ก |
| **Mecánica** | กลศาสตร์ |
| **Movimiento** | การเคลื่อนไหว |
| **Órbita** | วงโคจร |
| **Peso** | น้ำหนัก |
| **Presión** | ความดัน |
| **Propiedades** | คุณสมบัติ |
| **Tiempo** | เวลา |
| **Universal** | สากล |
| **Velocidad** | ความเร็ว |

## *Geografía*
ภูมิศาสตร์

| | |
|---|---|
| **Altitud** | ระดับความสูง |
| **Atlas** | แอตลาส |
| **Ciudad** | เมือง |
| **Continente** | ทวีป |
| **Hemisferio** | ซีกโลก |
| **Isla** | เกาะ |
| **Latitud** | ละติจูด |
| **Longitud** | เส้นแวง |
| **Mapa** | แผนที่ |
| **Mar** | ทะเล |
| **Meridiano** | เมอริเดียน |
| **Montaña** | ภูเขา |
| **Mundo** | โลก |
| **Norte** | ทิศเหนือ |
| **Oeste** | ตะวันตก |
| **País** | ประเทศ |
| **Región** | ภาค |
| **Río** | แม่น้ำ |
| **Sur** | ใต้ |
| **Territorio** | อาณาเขต |

## *Geología*
ธรณีวิทยา

| | |
|---|---|
| **Ácido** | กรด |
| **Calcio** | แคลเซียม |
| **Capa** | ชั้น |
| **Caverna** | ถ้ำ |
| **Continente** | ทวีป |
| **Coral** | ปะการัง |
| **Cristales** | คริสตัล |
| **Cuarzo** | ควอทซ์ |
| **Erosión** | ร่อน |
| **Estalactita** | หินย้อย |
| **Estalagmitas** | หินงอก |
| **Fósil** | ฟอสซิล |
| **Géiser** | ไกเซอร์ |
| **Lava** | ลาวา |
| **Meseta** | ที่ราบสูง |
| **Minerales** | แร่ธาตุ |
| **Piedra** | หิน |
| **Sal** | เกลือ |
| **Terremoto** | แผ่นดินไหว |
| **Volcán** | ภูเขาไฟ |

## *Geometría*
รูปทรงเรขาคณิต

| | |
|---|---|
| **Altura** | ความสูง |
| **Ángulo** | มุม |
| **Cálculo** | การคำนวณ |
| **Curva** | เส้นโค้ง |
| **Dimensión** | มิติ |
| **Ecuación** | สมการ |
| **Horizontal** | แนวนอน |
| **Lógica** | ตรรกะ |
| **Masa** | มวล |
| **Mediana** | มัธยฐาน |
| **Número** | ตัวเลข |
| **Paralelo** | ขนาน |
| **Probabilidad** | ความน่าจะเป็น |
| **Proporción** | สัดส่วน |
| **Segmento** | ส่วน |
| **Simetría** | สมมาตร |
| **Superficie** | พื้นผิว |
| **Teoría** | ทฤษฎี |
| **Triángulo** | สามเหลี่ยม |
| **Vertical** | แนวตั้ง |

## *Gobierno*
รัฐบาล

| | |
|---|---|
| **Civil** | พลเรือน |
| **Constitución** | รัฐธรรมนูญ |
| **Democracia** | ประชาธิปไตย |
| **Derechos** | สิทธิ |
| **Discurso** | คำพูด |
| **Discusión** | อย่าง |
| **Distrito** | เขต |
| **Estado** | รัฐ |
| **Igualdad** | ความเสมอภาค |
| **Independencia** | อิสระ |
| **Judicial** | ตุลาการ |
| **Justicia** | ความยุติธรรม |
| **Ley** | กฎหมาย |
| **Libertad** | เสรีภาพ |
| **Líder** | หัวหน้า |
| **Monumento** | อนุสาวรีย์ |
| **Nacional** | ระดับชาติ |
| **Nación** | ประเทศ |
| **Política** | การเมือง |
| **Símbolo** | สัญลักษณ์ |

## *Granja #1*
ฟาร์ม #1

| | |
|---|---|
| **Abeja** | ผึ้ง |
| **Agricultura** | เกษตรกรรม |
| **Agua** | น้ำ |
| **Arroz** | ข้าว |
| **Burro** | ลา |
| **Caballo** | ม้า |
| **Cabra** | แพะ |
| **Campo** | สนาม |
| **Cuervo** | อีกา |
| **Fertilizante** | ปุ๋ย |
| **Gato** | แมว |
| **Heno** | ฟาง |
| **Miel** | น้ำผึ้ง |
| **Perro** | หมา |
| **Pollo** | ไก่ |
| **Semillas** | เมล็ด |
| **Ternero** | น่อง |
| **Tierra** | ที่ดิน |
| **Vaca** | วัว |
| **Valla** | รั้ว |

## *Granja #2*
ฟาร์ม #2

| | |
|---|---|
| **Agricultor** | ชาวนา |
| **Animales** | สัตว์ |
| **Cebada** | บาร์เลย์ |
| **Colmena** | รังผึ้ง |
| **Comida** | อาหาร |
| **Cordero** | ลูกแกะ |
| **Fruta** | ผลไม้ |
| **Granero** | โรงนา |
| **Huerto** | สวนผลไม้ |
| **Leche** | นม |
| **Llama** | ลามา |
| **Maíz** | ข้าวโพด |
| **Oveja** | แกะ |
| **Pastor** | คนเลี้ยงแกะ |
| **Pato** | เป็ด |
| **Prado** | ทุ่งหญ้า |
| **Riego** | ชลประทาน |
| **Tractor** | รถแทรกเตอร์ |
| **Trigo** | ข้าวสาลี |
| **Vegetal** | ผัก |

## *Herboristería*
ยาสมุนไพร

| | |
|---|---|
| **Ajo** | กระเทียม |
| **Albahaca** | โหระพา |
| **Aromático** | หอม |
| **Azafrán** | หญ้าฝรั่น |
| **Calidad** | คุณภาพ |
| **Culinario** | การทำอาหาร |
| **Eneldo** | ผักชีลาว |
| **Estragón** | ทาร์รากอน |
| **Flor** | ดอกไม้ |
| **Hinojo** | เม็ดยี่หร่า |
| **Ingrediente** | ส่วนผสม |
| **Jardín** | สวน |
| **Lavanda** | ลาเวนเดอร์ |
| **Mejorana** | มาร์โจแรม |
| **Menta** | มินต์ |
| **Perejil** | ผักชีฝรั่ง |
| **Planta** | ปลูก |
| **Romero** | โรสแมรี่ |
| **Sabor** | รสชาติ |
| **Verde** | เขียว |

## *Ingeniería*
วิศวกรรม

| | |
|---|---|
| **Ángulo** | มุม |
| **Cálculo** | การคำนวณ |
| **Construcción** | การก่อสร้าง |
| **Diagrama** | แผนภาพ |
| **Diesel** | ดีเซล |
| **Distribución** | การกระจาย |
| **Eje** | แกน |
| **Energía** | พลังงาน |
| **Estabilidad** | ความมั่นคง |
| **Estructura** | โครงสร้าง |
| **Fricción** | แรงเสียดทาน |
| **Fuerza** | แรง |
| **Líquido** | ของเหลว |
| **Máquina** | เครื่องจักร |
| **Medición** | การวัด |
| **Motor** | เครื่องยนต์ |
| **Movimiento** | การเคลื่อนไหว |
| **Palancas** | คันโยก |
| **Profundidad** | ความลึก |
| **Propulsión** | แรงขับ |

## *Insectos*
แมลง

| | |
|---|---|
| **Abeja** | ผึ้ง |
| **Avispa** | ต่อ |
| **Avispón** | แตน |
| **Áfido** | เพลี้ย |
| **Cigarra** | จักจั่น |
| **Cucaracha** | แมลงสาบ |
| **Escarabajo** | ด้วง |
| **Gusano** | หนอน |
| **Hormiga** | มด |
| **Langosta** | ปาท่องกา |
| **Larva** | ตัวอ่อน |
| **Libélula** | แมลงปอ |
| **Mantis** | กงแตนแตน |
| **Mariposa** | ผีเสื้อ |
| **Mariquita** | เต่าทอง |
| **Mosquito** | ยุง |
| **Polilla** | มอด |
| **Pulga** | เห็บ |
| **Saltamontes** | ตั๊กแตน |
| **Termita** | ปลวก |

## Instrumentos Musicales
### เครื่องดนตรี

| | |
|---|---|
| **Armónica** | ฮาร์โมนิก้า |
| **Arpa** | ฮาร์ป |
| **Banjo** | แบนโจ |
| **Baquetas** | ไม้ตีกลอง |
| **Clarinete** | คลาริเน็ต |
| **Fagot** | ปี่บาสซูน |
| **Flauta** | ขลุ่ย |
| **Gong** | ฆ้อง |
| **Guitarra** | กีตาร์ |
| **Mandolina** | แมนโดลิน |
| **Marimba** | มาริมบา |
| **Oboe** | โอโบ |
| **Pandereta** | แทมบูรีน |
| **Piano** | เปียโน |
| **Saxofón** | แซกโซโฟน |
| **Tambor** | กลอง |
| **Trombón** | ทรอมโบน |
| **Trompeta** | แตร |
| **Violín** | ไวโอลิน |
| **Violonchelo** | เชลโล |

## Jardín
### สวนหย่อม

| | |
|---|---|
| **Arbusto** | บุช |
| **Árbol** | ต้นไม้ |
| **Banco** | ม้านั่ง |
| **Césped** | สนามหญ้า |
| **Estanque** | บ่อน้ำ |
| **Flor** | ดอกไม้ |
| **Garaje** | โรงรถ |
| **Hamaca** | เปลญวน |
| **Hierba** | หญ้า |
| **Huerto** | สวนผลไม้ |
| **Jardín** | สวน |
| **Malezas** | วัชพืช |
| **Manguera** | ท่อ |
| **Pala** | พลั่ว |
| **Porche** | ระเบียง |
| **Rastrillo** | คราด |
| **Suelo** | ดิน |
| **Terraza** | ชานบ้าน |
| **Trampolín** | แทรมโพลีน |
| **Valla** | รั้ว |

## Jazz
### แจ๊ส

| | |
|---|---|
| **Artista** | ศิลปิน |
| **Álbum** | อัลบั้ม |
| **Canción** | เพลง |
| **Composición** | ส่วนประกอบ |
| **Compositor** | นักแต่งเพลง |
| **Concierto** | คอนเสิร์ต |
| **Estilo** | รูปแบบ |
| **Énfasis** | ความสำคัญ |
| **Famoso** | มีชื่อเสียง |
| **Favoritos** | รายการโปรด |
| **Género** | ประเภท |
| **Improvisación** | ปฏิภาณโวหาร |
| **Música** | ดนตรี |
| **Nuevo** | ใหม่ |
| **Orquesta** | วงดนตรี |
| **Ritmo** | จังหวะ |
| **Talento** | พรสวรรค์ |
| **Tambores** | กลอง |
| **Técnica** | เทคนิค |
| **Viejo** | แก่ |

## La Empresa
### บริษัท

| | |
|---|---|
| **Calidad** | คุณภาพ |
| **Creativo** | สร้างสรรค์ |
| **Decisión** | การตัดสินใจ |
| **Empleo** | การจ้างงาน |
| **Global** | ทั่วโลก |
| **Industria** | อุตสาหกรรม |
| **Ingresos** | รายได้ |
| **Innovador** | นวัตกรรม |
| **Inversión** | การลงทุน |
| **Negocio** | ธุรกิจ |
| **Posibilidad** | ความเป็นไปได้ |
| **Presentación** | การนำเสนอ |
| **Producto** | ผลิตภัณฑ์ |
| **Profesional** | มืออาชีพ |
| **Progreso** | ความคืบหน้า |
| **Recursos** | ทรัพยากร |
| **Reputación** | ชื่อเสียง |
| **Riesgos** | ความเสี่ยง |
| **Salarios** | ค่าจ้าง |
| **Unidades** | หน่วย |

## Libros
### หนังสือ

| | |
|---|---|
| **Autor** | ผู้เขียน |
| **Aventura** | การผจญภัย |
| **Colección** | ชุด |
| **Contexto** | บริบท |
| **Dualidad** | ความเป็นคู่ |
| **Escrito** | เขียน |
| **Historia** | เรื่องราว |
| **Histórico** | ประวัติศาสตร์ |
| **Humorístico** | ตลก |
| **Inventivo** | ประดิษฐ์ |
| **Lector** | ผู้อ่าน |
| **Literario** | วรรณกรรม |
| **Narrador** | ผู้บรรยาย |
| **Novela** | นิยาย |
| **Palabras** | คำ |
| **Página** | หน้า |
| **Pertinente** | ที่เกี่ยวข้อง |
| **Poema** | กลอน |
| **Poesía** | บทกวี |
| **Trágico** | อนาถ |

## Literatura
### วรรณกรรม

| | |
|---|---|
| **Analogía** | อะนาล็อก |
| **Análisis** | การวิเคราะห์ |
| **Autor** | ผู้เขียน |
| **Biografía** | ชีวประวัติ |
| **Conclusión** | บทสรุป |
| **Descripción** | ลักษณะ |
| **Diálogo** | บทพูด |
| **Estilo** | รูปแบบ |
| **Género** | ประเภท |
| **Metáfora** | คำอุปมา |
| **Narrador** | ผู้บรรยาย |
| **Narrativa** | เรื่องเล่า |
| **Novela** | นิยาย |
| **Opinión** | ความเห็น |
| **Poema** | กลอน |
| **Poético** | บทกวี |
| **Rima** | สัมผัส |
| **Ritmo** | จังหวะ |
| **Tema** | ธีม |
| **Tragedia** | โศกนาฏกรรม |

## Los Medios de Comunicación
สื่อมวลชน

| Actitudes | ทัศนคติ |
|---|---|
| Comercial | โฆษณา |
| Comunicación | การสื่อสาร |
| Digital | ดิจิทัล |
| Edición | ฉบับ |
| Educación | การศึกษา |
| En Línea | ออนไลน์ |
| Financiación | ทุน |
| Fotos | ภาพถ่าย |
| Hechos | ข้อเท็จจริง |
| Industria | อุตสาหกรรม |
| Intelectual | สติปัญญา |
| Local | ท้องถิ่น |
| Opinión | ความเห็น |
| Periódicos | หนังสือพิมพ์ |
| Público | สาธารณะ |
| Radio | วิทยุ |
| Red | เครือข่าย |
| Revistas | นิตยสาร |
| Televisión | โทรทัศน์ |

## Mamíferos
สัตว์เลี้ยงลูกด้วยนม

| Ballena | วาฬ |
|---|---|
| Burro | ลา |
| Caballo | ม้า |
| Camello | อูฐ |
| Canguro | จิงโจ้ |
| Cebra | ม้าลาย |
| Conejo | กระต่าย |
| Coyote | โคโยตี้ |
| Delfín | ปลาโลมา |
| Elefante | ช้าง |
| Gato | แมว |
| Gorila | กอริลลา |
| Jirafa | ยีราฟ |
| Lobo | หมาป่า |
| Mono | ลิง |
| Oso | หมี |
| Oveja | แกะ |
| Perro | หมา |
| Toro | โค |
| Zorro | ฟ็อกซ์ |

## Matemáticas
คณิตศาสตร์

| Aritmética | เลขคณิต |
|---|---|
| Ángulos | มุม |
| Circunferencia | เส้นรอบวง |
| Decimal | ทศนิยม |
| División | แผนก |
| Ecuación | สมการ |
| Exponente | ตัวแทน |
| Fracción | เศษส่วน |
| Geometría | เรขาคณิต |
| Grados | องศา |
| Números | หมายเลข |
| Paralelo | ขนาน |
| Perímetro | ขอบ |
| Perpendicular | ตั้งฉาก |
| Radio | รัศมี |
| Simetría | สมมาตร |
| Suma | รวม |
| Triángulo | สามเหลี่ยม |
| Volumen | ระดับเสียง |

## Mediciones
การวัด

| Altura | ความสูง |
|---|---|
| Ancho | ความกว้าง |
| Byte | ไบต์ |
| Centímetro | เซนติเมตร |
| Decimal | ทศนิยม |
| Grado | องศา |
| Gramo | กรัม |
| Kilogramo | กิโลกรัม |
| Kilómetro | กิโลเมตร |
| Litro | ลิตร |
| Longitud | ความยาว |
| Masa | มวล |
| Metro | เมตร |
| Minuto | นาที |
| Onza | ออนซ์ |
| Peso | น้ำหนัก |
| Profundidad | ความลึก |
| Pulgada | นิ้ว |
| Tonelada | ตัน |
| Volumen | ระดับเสียง |

## Meditación
การทำสมาธิ

| Aceptación | การยอมรับ |
|---|---|
| Atención | ความสนใจ |
| Bondad | ความเมตตา |
| Calma | สงบ |
| Claridad | ความชัดเจน |
| Emociones | อารมณ์ |
| Felicidad | ความสุข |
| Gratitud | ความกตัญญู |
| Mental | จิต |
| Mente | ใจ |
| Movimiento | การเคลื่อนไหว |
| Música | ดนตรี |
| Naturaleza | ธรรมชาติ |
| Observación | การสังเกต |
| Paz | สันติภาพ |
| Pensamientos | ความคิด |
| Perspectiva | มุมมอง |
| Postura | ท่าทาง |
| Respiración | การหายใจ |
| Silencio | ความเงียบ |

## Mitología
ตำนานเทพนิยาย

| Arquetipo | ต้นแบบ |
|---|---|
| Celos | ความหึงหวง |
| Cielo | สวรรค์ |
| Comportamiento | พฤติกรรม |
| Creación | การสร้าง |
| Creencias | ความเชื่อ |
| Criatura | สิ่งมีชีวิต |
| Cultura | วัฒนธรรม |
| Desastre | ภัยพิบัติ |
| Fuerza | แรง |
| Guerrero | นักรบ |
| Héroe | ฮีโร่ |
| Inmortalidad | อมตภาพ |
| Laberinto | เขาวงกต |
| Leyenda | ตำนาน |
| Monstruo | สัตว์ประหลาด |
| Mortal | ยแร |
| Rayo | ฟ้าผ่า |
| Trueno | ฟ้าร้อง |
| Venganza | แก้แค้น |

## *Música*
ดนตรี

| | |
|---|---|
| **Armonía** | ความสามัคคี |
| **Álbum** | อัลบั้ม |
| **Balada** | บัลลาด |
| **Cantante** | นักร้อง |
| **Cantar** | ร้องเพลง |
| **Clásico** | คลาสสิก |
| **Ecléctico** | ผสมผสาน |
| **Grabación** | การบันทึก |
| **Improvisar** | โอ๊ะโอ |
| **Instrumento** | ตราสาร |
| **Lírico** | ลีริคัล |
| **Melodía** | ทำนอง |
| **Micrófono** | ไมโครโฟน |
| **Musical** | ดนตรี |
| **Músico** | นักดนตรี |
| **Ópera** | โอเปร่า |
| **Poético** | บทกวี |
| **Ritmo** | จังหวะ |
| **Rítmico** | เป็นจังหวะ |

## *Naturaleza*
ธรรมชาติ

| | |
|---|---|
| **Abejas** | ผึ้ง |
| **Acantilados** | หน้าผา |
| **Animales** | สัตว์ |
| **Ártico** | อาร์กติก |
| **Belleza** | ความงาม |
| **Bosque** | ป่า |
| **Desierto** | ทะเลทราย |
| **Dinámico** | พลวัต |
| **Erosión** | ร่อน |
| **Follaje** | ใบไม้ |
| **Glaciar** | ธารน้ำแข็ง |
| **Montañas** | ภูเขา |
| **Niebla** | หมอก |
| **Nubes** | เมฆ |
| **Pacífico** | สงบ |
| **Refugio** | ที่หลบภัย |
| **Río** | แม่น้ำ |
| **Sereno** | นิ่ง |
| **Tropical** | เขตร้อน |
| **Vital** | สำคัญมาก |

## *Negocio*
ธุรกิจ

| | |
|---|---|
| **Carrera** | อาชีพ |
| **Costo** | ค่าใช้จ่าย |
| **Descuento** | ส่วนลด |
| **Dinero** | เงิน |
| **Economía** | เศรษฐศาสตร์ |
| **Empleado** | พนักงาน |
| **Empleador** | นายจ้าง |
| **Empresa** | บริษัท |
| **Fábrica** | โรงงาน |
| **Finanzas** | การเงิน |
| **Impuestos** | ภาษี |
| **Inversión** | การลงทุน |
| **Mercancía** | สินค้า |
| **Moneda** | เงินตรา |
| **Oficina** | ออฟฟิศ |
| **Presupuesto** | งบประมาณ |
| **Tienda** | ร้าน |
| **Trabajo** | งาน |
| **Transacción** | ธุรกรรม |
| **Venta** | ขาย |

## *Nutrición*
โภชนาการ

| | |
|---|---|
| **Amargo** | ขม |
| **Apetito** | ความกระหาย |
| **Calidad** | คุณภาพ |
| **Calorías** | แคลอรี่ |
| **Carbohidratos** | คาร์โบไฮเดรต |
| **Cereales** | ซีเรียล |
| **Comestible** | กินได้ |
| **Dieta** | อาหาร |
| **Digestión** | การย่อย |
| **Equilibrado** | สมดุล |
| **Fermentación** | การหมัก |
| **Nutriente** | สารอาหาร |
| **Peso** | น้ำหนัก |
| **Proteínas** | โปรตีน |
| **Sabor** | รสชาติ |
| **Salsa** | ซอส |
| **Salud** | สุขภาพ |
| **Saludable** | แข็งแรง |
| **Toxina** | พิษ |
| **Vitamina** | วิตามิน |

## *Números*
ตัวเลข

| | |
|---|---|
| **Catorce** | สิบสี่ |
| **Cero** | ศูนย์ |
| **Cinco** | ห้า |
| **Cuatro** | สี่ |
| **Decimal** | ทศนิยม |
| **Diecinueve** | สิบเก้า |
| **Dieciocho** | สิบแปด |
| **Dieciséis** | สิบหก |
| **Diecisiete** | สิบเจ็ด |
| **Diez** | สิบ |
| **Doce** | สิบสอง |
| **Dos** | สอง |
| **Nueve** | เก้า |
| **Ocho** | แปด |
| **Quince** | สิบห้า |
| **Seis** | หก |
| **Siete** | เจ็ด |
| **Trece** | สิบสาม |
| **Tres** | สาม |
| **Veinte** | ยี่สิบ |

## *Océano*
มหาสมุทร

| | |
|---|---|
| **Alga** | สาหร่าย |
| **Anguila** | ปลาไหล |
| **Arrecife** | รีฟ |
| **Atún** | ทูน่า |
| **Ballena** | วาฬ |
| **Barco** | เรือ |
| **Camarón** | กุ้ง |
| **Cangrejo** | ปู |
| **Coral** | ปะการัง |
| **Delfín** | ปลาโลมา |
| **Esponja** | ฟองน้ำ |
| **Mareas** | น้ำขึ้นน้ำลง |
| **Medusa** | แมงกะพรุน |
| **Ostra** | หอยนางรม |
| **Pescado** | ปลา |
| **Pulpo** | ปลาหมึกยักษ์ |
| **Sal** | เกลือ |
| **Tiburón** | ฉลาม |
| **Tormenta** | พายุ |
| **Tortuga** | เต่า |

## Paisajes
ทิวทัศน์

| | |
|---|---|
| Cascada | น้ำตก |
| Cueva | ถ้ำ |
| Desierto | ทะเลทราย |
| Estuario | ปากน้ำ |
| Géiser | ไกเซอร์ |
| Glaciar | ธารน้ำแข็ง |
| Iceberg | ภูเขาน้ำแข็ง |
| Isla | เกาะ |
| Lago | ทะเลสาบ |
| Laguna | ลากูน |
| Mar | ทะเล |
| Montaña | ภูเขา |
| Oasis | โอเอซิส |
| Pantano | บึง |
| Península | คาบสมุทร |
| Playa | ชายหาด |
| Río | แม่น้ำ |
| Tundra | ทุนดรา |
| Valle | หุบเขา |
| Volcán | ภูเขาไฟ |

## Países #1
ประเทศ #1

| | |
|---|---|
| Alemania | เยอรมนี |
| Argentina | อาร์เจนตินา |
| Bélgica | เบลเยียม |
| Brasil | บราซิล |
| Canadá | แคนาดา |
| Ecuador | เอกวาดอร์ |
| Egipto | อียิปต์ |
| España | สเปน |
| Filipinas | ฟิลิปปินส์ |
| Honduras | ฮอนดูรัส |
| India | อินเดีย |
| Italia | อิตาลี |
| Libia | ลิเบีย |
| Malí | มาลี |
| Marruecos | โมร็อคโค |
| Nicaragua | นิการากัว |
| Noruega | นอร์เวย์ |
| Panamá | ปานามา |
| Polonia | โปแลนด์ |
| Venezuela | เวเนซุเอลา |

## Países #2
ประเทศ #2

| | |
|---|---|
| Albania | แอลเบเนีย |
| Australia | ออสเตรเลีย |
| Austria | ออสเตรีย |
| Dinamarca | เดนมาร์ก |
| Etiopía | เอธิโอเปีย |
| Francia | ฝรั่งเศส |
| Grecia | กรีซ |
| Indonesia | อินโดนีเซีย |
| Irlanda | ไอร์แลนด์ |
| Jamaica | จาไมก้า |
| Japón | ญี่ปุ่น |
| Laos | ลาว |
| México | เม็กซิโก |
| Pakistán | ปากีสถาน |
| Portugal | โปรตุเกส |
| Rusia | รัสเซีย |
| Siria | ซีเรีย |
| Sudán | ซูดาน |
| Ucrania | ยูเครน |
| Uganda | ยูกันดา |

## Pájaros
นก

| | |
|---|---|
| Avestruz | นกกระจอกเทศ |
| Águila | อินทรี |
| Cigüeña | นกกระสา |
| Cisne | หงส์ |
| Cuco | นกกาเหว่า |
| Cuervo | อีกา |
| Flamenco | ฟลามิงโก |
| Ganso | ห่าน |
| Garza | กระสา |
| Gaviota | นางนวล |
| Gorrión | กระจอก |
| Halcón | เหยี่ยว |
| Huevo | ไข่ |
| Loro | นกแก้ว |
| Paloma | นกพิราบ |
| Pato | เป็ด |
| Pelícano | นกกระทุง |
| Pingüino | เพนกวิน |
| Pollo | ไก่ |
| Tucán | ทูแคน |

## Plantas
พืช

| | |
|---|---|
| Arbusto | บุช |
| Árbol | ต้นไม้ |
| Bambú | ไม้ไผ่ |
| Baya | เบอร์รี่ |
| Bosque | ป่า |
| Botánica | พฤกษศาสตร์ |
| Cactus | กระบองเพชร |
| Fertilizante | ปุ๋ย |
| Flor | ดอกไม้ |
| Flora | ฟลอรา |
| Follaje | ใบไม้ |
| Frijol | ถั่ว |
| Hiedra | ไอวี่ |
| Hierba | หญ้า |
| Jardín | สวน |
| Musgo | มอสส์ |
| Pétalo | กลีบ |
| Raíz | ราก |
| Sol | ดวงอาทิตย์ |
| Vegetación | พืช |

## Profesiones #1
วิชาชีพ #1

| | |
|---|---|
| Abogado | ทนายความ |
| Astrónomo | นักดาราศาสตร์ |
| Atleta | นักกีฬา |
| Bailarín | นักเต้น |
| Banquero | นายธนาคาร |
| Bombero | ดับเพลิง |
| Cazador | ฮันเตอร์ |
| Doctor | หมอ |
| Editor | บรรณาธิการ |
| Embajador | เอกอัครราชทูต |
| Enfermera | พยาบาล |
| Entrenador | โค้ช |
| Fontanero | ช่างประปา |
| Geólogo | นักธรณีวิทยา |
| Joyero | อัญมณี |
| Marinero | กะลาสี |
| Músico | นักดนตรี |
| Pianista | นักเปียโน |
| Psicólogo | นักจิตวิทยา |
| Veterinario | สัตวแพทย์ |

## Profesiones #2
### วิชาชีพ #2

| | |
|---|---|
| Agricultor | ชาวนา |
| Astronauta | นักบินอวกาศ |
| Bibliotecario | บรรณารักษ์ |
| Biólogo | นักชีววิทยา |
| Cirujano | ศัลยแพทย์ |
| Dentista | ทันตแพทย์ |
| Detective | นักสืบ |
| Filósofo | นักปรัชญา |
| Fotógrafo | ช่างภาพ |
| Ingeniero | วิศวกร |
| Inventor | นักประดิษฐ์ |
| Investigador | นักวิจัย |
| Jardinero | คนสวน |
| Lingüista | นักภาษาศาสตร์ |
| Médico | แพทย์ |
| Periodista | นักข่าว |
| Piloto | นักบิน |
| Pintor | จิตรกร |
| Profesor | ครู |
| Zoólogo | นักสัตววิทยา |

## Psicología
### จิตวิทยา

| | |
|---|---|
| Cita | การนัดหมาย |
| Clínico | คลินิก |
| Comportamiento | พฤติกรรม |
| Conflicto | ความขัดแย้ง |
| Ego | อัตตา |
| Emociones | อารมณ์ |
| Evaluación | การประเมิน |
| Experiencias | ประสบการณ์ |
| Ideas | ไอเดีย |
| Inconsciente | หมดสติ |
| Infancia | วัยเด็ก |
| Influencias | อิทธิพล |
| Pensamientos | ความคิด |
| Percepción | การรับรู้ |
| Personalidad | บุคลิกภาพ |
| Problema | ปัญหา |
| Realidad | ความเป็นจริง |
| Subconsciente | จิตใต้สำนึก |
| Sueños | ความฝัน |
| Terapia | การบำบัด |

## Química
### เคมีภัณฑ์

| | |
|---|---|
| Alcalino | ด่าง |
| Ácido | กรด |
| Calor | ความร้อน |
| Carbono | คาร์บอน |
| Catalizador | ตัวเร่ง |
| Cloro | คลอรีน |
| Electrón | อิเล็กตรอน |
| Enzima | เอนไซม์ |
| Gas | แก๊ส |
| Hidrógeno | ไฮโดรเจน |
| Ion | ไอออน |
| Líquido | ของเหลว |
| Metales | โลหะ |
| Molécula | โมเลกุล |
| Nuclear | นิวเคลียร์ |
| Oxígeno | ออกซิเจน |
| Peso | น้ำหนัก |
| Reacción | ปฏิกิริยา |
| Sal | เกลือ |
| Temperatura | อุณหภูมิ |

## Restaurante #1
### ร้านอาหาร #1

| | |
|---|---|
| Alergia | ภูมิแพ้ |
| Café | กาแฟ |
| Cajero | แคชเชียร์ |
| Camarera | พนักงานเสิร์ฟ |
| Carne | เนื้อ |
| Cocina | ครัว |
| Comer | กิน |
| Comida | อาหาร |
| Cuchillo | มีด |
| Ingredientes | ส่วนผสม |
| Menú | เมนู |
| Pan | ขนมปัง |
| Picante | เผ็ด |
| Plato | จาน |
| Pollo | ไก่ |
| Postre | ขนม |
| Reserva | การจอง |
| Salsa | ซอส |
| Servilleta | ผ้าเช็ดปาก |
| Tazón | ชาม |

## Restaurante #2
### ร้านอาหาร #2

| | |
|---|---|
| Agua | น้ำ |
| Almuerzo | อาหารกลางวัน |
| Bebida | เครื่องดื่ม |
| Camarero | บริกร |
| Cena | อาหารเย็น |
| Cuchara | ช้อน |
| Delicioso | อร่อย |
| Ensalada | สลัด |
| Especias | เครื่องเทศ |
| Fideos | ก๋วยเตี๋ยว |
| Fruta | ผลไม้ |
| Hielo | น้ำแข็ง |
| Huevos | ไข่ |
| Pastel | เค้ก |
| Pescado | ปลา |
| Sal | เกลือ |
| Silla | เก้าอี้ |
| Sopa | ซุป |
| Tenedor | ส้อม |
| Verduras | ผัก |

## Ropa
### เสื้อผ้า

| | |
|---|---|
| Abrigo | เสื้อโค้ท |
| Bufanda | ผ้าพันคอ |
| Calcetines | ถุงเท้า |
| Camisa | เสื้อ |
| Chaqueta | แจ็คเก็ต |
| Cinturón | เข็มขัด |
| Collar | สร้อยคอ |
| Delantal | ผ้ากันเปื้อน |
| Falda | กระโปรง |
| Guantes | ถุงมือ |
| Jeans | ยีนส์ |
| Moda | แฟชั่น |
| Pantalones | กางเกง |
| Pijama | ชุดนอน |
| Pulsera | สร้อยข้อมือ |
| Sandalias | รองเท้าแตะ |
| Sombrero | หมวก |
| Suéter | เสื้อคลุม |
| Vestido | ชุด |
| Zapato | รองเท้า |

## Salud y Bienestar #1
### สุขภาพและสุขภาพ #1

| Activo | คล่องแคล่ว |
| Altura | ความสูง |
| Bacterias | แบคทีเรีย |
| Clínica | คลินิก |
| Doctor | หมอ |
| Farmacia | ร้านขายยา |
| Fractura | แตกหัก |
| Hambre | ความหิว |
| Hábito | นิสัย |
| Hormonas | ฮอร์โมน |
| Huesos | กระดูก |
| Medicina | ยา |
| Músculos | กล้ามเนื้อ |
| Piel | ผิว |
| Postura | ท่าทาง |
| Reflejo | สะท้อน |
| Relajación | ผ่อนคลาย |
| Terapia | การบำบัด |
| Tratamiento | การรักษา |
| Virus | ไวรัส |

## Salud y Bienestar #2
### สุขภาพและสุขภาพ #2

| Alergia | ภูมิแพ้ |
| Apetito | ความกระหาย |
| Caloría | แคลอรี่ |
| Deshidratación | การคายน้ำ |
| Dieta | อาหาร |
| Digestión | การย่อย |
| Energía | พลังงาน |
| Enfermedad | โรค |
| Estrés | ความเครียด |
| Genética | พันธุศาสตร์ |
| Higiene | สุขอนามัย |
| Hospital | โรงพยาบาล |
| Infección | การติดเชื้อ |
| Masaje | นวด |
| Nutrición | โภชนาการ |
| Peso | น้ำหนัก |
| Recuperación | การกู้คืน |
| Saludable | แข็งแรง |
| Sangre | เลือด |
| Vitamina | วิตามิน |

## Suministros de Arte
### อุปกรณ์ศิลปะ

| Aceite | น้ำมัน |
| Acrílico | อะคริลิค |
| Acuarelas | สีน้ำ |
| Agua | น้ำ |
| Arcilla | เคลย์ |
| Borrador | ยางลบ |
| Caballete | ขาตั้ง |
| Carbón | ถ่าน |
| Cámara | กล้อง |
| Cepillos | แปรง |
| Colores | สี |
| Ideas | ไอเดีย |
| Lápices | ดินสอ |
| Mesa | โต๊ะ |
| Papel | กระดาษ |
| Pasteles | พาส |
| Pegamento | กาว |
| Silla | เก้าอี้ |
| Tinta | หมึก |

## Tecnología
### เทคโนโลยี

| Archivo | ไฟล์ |
| Blog | บล็อก |
| Bytes | ไบต์ |
| Cámara | กล้อง |
| Cursor | เคอร์เซอร์ |
| Datos | ข้อมูล |
| Digital | ดิจิทัล |
| Estadísticas | สถิติ |
| Fuente | แบบอักษร |
| Internet | อินเทอร์เน็ต |
| Investigación | วิจัย |
| Mensaje | ข้อความ |
| Navegador | เบราว์เซอร์ |
| Ordenador | คอมพิวเตอร์ |
| Pantalla | หน้าจอ |
| Seguridad | ความปลอดภัย |
| Software | ซอฟต์แวร์ |
| Virtual | เสมือน |
| Virus | ไวรัส |

## Tiempo
### เวลา

| Ahora | ตอนนี้ |
| Antes | ก่อน |
| Anual | ประจำปี |
| Año | ปี |
| Ayer | เมื่อวาน |
| Calendario | ปฏิทิน |
| Década | ทศวรรษ |
| Día | วัน |
| Futuro | อนาคต |
| Hora | ชั่วโมง |
| Hoy | วันนี้ |
| Mañana | เช้า |
| Mediodía | เที่ยง |
| Mes | เดือน |
| Minuto | นาที |
| Momento | ขณะ |
| Noche | กลางคืน |
| Reloj | นาฬิกา |
| Semana | สัปดาห์ |
| Siglo | ศตวรรษ |

## Tipos de Cabello
### ประเภทผม

| Blanco | ขาว |
| Brillante | เงา |
| Cabelludo | หนังศีรษะ |
| Calvo | หัวล้าน |
| Corto | สั้น |
| Delgada | บาง |
| Gris | สีเทา |
| Grueso | หนา |
| Largo | ยาว |
| Marrón | สีน้ำตาล |
| Negro | สีดำ |
| Ondulado | หยัก |
| Plata | เงิน |
| Rizado | หยิก |
| Rubio | สีบลอนด์ |
| Saludable | แข็งแรง |
| Seco | แห้ง |
| Suave | อ่อนนุ่ม |
| Trenzado | ถัก |
| Trenzas | ถักเปีย |

## *Universo*
จักรวาล

| | |
|---|---|
| **Astronomía** | ดาราศาสตร์ |
| **Astrónomo** | นักดาราศาสตร์ |
| **Atmósfera** | บรรยากาศ |
| **Cielo** | ท้องฟ้า |
| **Cósmico** | ฟังดู |
| **Ecuador** | เส้นศูนย์สูตร |
| **Galaxia** | กาแลกซี่ |
| **Hemisferio** | ซีกโลก |
| **Horizonte** | ขอบฟ้า |
| **Inclinación** | เอียง |
| **Latitud** | ละติจูด |
| **Longitud** | เส้นแวง |
| **Luna** | ดวงจันทร์ |
| **Oscuridad** | ความมืด |
| **Órbita** | วงโคจร |
| **Solar** | แสงอาทิตย์ |
| **Solsticio** | อายัน |
| **Visible** | มองเห็นได้ |
| **Zodíaco** | จักรราศี |

## *Vacaciones #2*
วันหยุด #2

| | |
|---|---|
| **Aeropuerto** | สนามบิน |
| **Carpa** | เต็นท์ |
| **Destino** | ปลายทาง |
| **Extranjero** | ชาวต่างชาติ |
| **Fotos** | ภาพถ่าย |
| **Hotel** | โรงแรม |
| **Isla** | เกาะ |
| **Mapa** | แผนที่ |
| **Mar** | ทะเล |
| **Montañas** | ภูเขา |
| **Ocio** | เวลาว่าง |
| **Playa** | ชายหาด |
| **Reservas** | จอง |
| **Restaurante** | ร้านอาหาร |
| **Taxi** | แท็กซี่ |
| **Transporte** | การขนส่ง |
| **Tren** | รถไฟ |
| **Vacaciones** | วันหยุด |
| **Viaje** | การเดินทาง |
| **Visa** | วีซ่า |

## *Vehículos*
ยานพาหนะ

| | |
|---|---|
| **Ambulancia** | รถพยาบาล |
| **Autobús** | รถเมล์ |
| **Avión** | เครื่องบิน |
| **Balsa** | แพ |
| **Barco** | เรือ |
| **Bicicleta** | จักรยาน |
| **Camión** | รถบรรทุก |
| **Caravana** | คาราวาน |
| **Coche** | รถ |
| **Cohete** | จรวด |
| **Ferry** | เรือข้ามฟาก |
| **Helicóptero** | เฮลิคอปเตอร์ |
| **Lanzadera** | กระสวย |
| **Metro** | รถไฟใต้ดิน |
| **Motor** | เครื่องยนต์ |
| **Neumáticos** | ยาง |
| **Submarino** | เรือดำน้ำ |
| **Taxi** | แท็กซี่ |
| **Tractor** | รถแทรกเตอร์ |
| **Tren** | รถไฟ |

## *Verduras*
ผักสด

| | |
|---|---|
| **Ajo** | กระเทียม |
| **Alcachofa** | อาติโช๊ค |
| **Apio** | ขึ้นฉ่าย |
| **Berenjena** | มะเขือ |
| **Brócoli** | บรอกโคลี |
| **Calabaza** | ฟักทอง |
| **Cebolla** | หัวหอม |
| **Ensalada** | สลัด |
| **Espinacas** | ผักโขม |
| **Guisante** | ถั่ว |
| **Jengibre** | ขิง |
| **Nabo** | หัวผักกาด |
| **Oliva** | มะกอก |
| **Patata** | มันฝรั่ง |
| **Pepino** | แตงกวา |
| **Perejil** | ผักชีฝรั่ง |
| **Rábano** | หัวไชเท้า |
| **Seta** | เห็ด |
| **Tomate** | มะเขือเทศ |
| **Zanahoria** | แครอท |

# Enhorabuena

## Lo has conseguido!

Esperamos que hayas disfrutado de este libro tanto como nosotros al diseñarlo. Nos esforzamos por crear libros de la máxima calidad posible.
Esta edición está diseñada para proporcionar un aprendizaje inteligente, de calidad y divertido!

¿Te ha gustado este libro?

-------

## Una Petición Sencilla

Estos libros existen gracias a las reseñas que se publican.
¿Podrías ayudarnos dejando una reseña ahora?
Aquí tienes un breve enlace a la página de reseñas

BestBooksActivity.com/Opiniones50

# ¡DESAFÍO FINAL!

## Reto n°1

¿Estás listo para tu juego gratis? Los utilizamos siempre, pero no son tan fáciles de encontrar. ¡Aquí están los **Sinónimos**!

Escribe 5 palabras que hayas encontrado en los rompecabezas (#21, #36, #76) y trata de encontrar 2 sinónimos para cada palabra.

### Escriba 5 palabras del **Puzzle 21**

| Palabras | Sinónimo 1 | Sinónimo 2 |
|---|---|---|
|  |  |  |
|  |  |  |
|  |  |  |
|  |  |  |
|  |  |  |

### Escriba 5 palabras del **Puzzle 36**

| Palabras | Sinónimo 1 | Sinónimo 2 |
|---|---|---|
|  |  |  |
|  |  |  |
|  |  |  |
|  |  |  |
|  |  |  |

### Escriba 5 palabras del **Puzzle 76**

| Palabras | Sinónimo 1 | Sinónimo 2 |
|---|---|---|
|  |  |  |
|  |  |  |
|  |  |  |
|  |  |  |
|  |  |  |

# Reto n°2

Ahora que te has calentado, escribe 5 palabras que hayas encontrado en los Puzzles 9, 17 y 25 e intenta encontrar 2 antónimos para cada palabra. ¿Cuántos puedes encontrar en 20 minutos?

### *Escriba 5 palabras del* **Puzzle 9**

| Palabras | Antónimo 1 | Antónimo 2 |
|----------|------------|------------|
|          |            |            |
|          |            |            |
|          |            |            |
|          |            |            |
|          |            |            |

### *Escriba 5 palabras del* **Puzzle 17**

| Palabras | Antónimo 1 | Antónimo 2 |
|----------|------------|------------|
|          |            |            |
|          |            |            |
|          |            |            |
|          |            |            |
|          |            |            |

### *Escriba 5 palabras del* **Puzzle 25**

| Palabras | Antónimo 1 | Antónimo 2 |
|----------|------------|------------|
|          |            |            |
|          |            |            |
|          |            |            |
|          |            |            |
|          |            |            |

# Reto n°3

¡Genial! Este desafío final  no es nada para ti.

¿Preparado para el reto final? Elige 10 palabras que hayas descubierto en los diferentes rompecabezas y escríbelas a continuación.

| | |
|---|---|
| 1. | 6. |
| 2. | 7. |
| 3. | 8. |
| 4. | 9. |
| 5. | 10. |

Ahora escribe un texto pensando en una persona, un animal o un lugar que te guste.

*Puedes usar la última página de este libro como borrador.*

## Tu Composición:

# CUADERNO DE NOTAS :

# HASTA PRONTO !

*Todo el Equipo*

# DESCUBRA JUEGOS GRATIS

## GO

↓

**BESTACTIVITYBOOKS.COM/FREEGAMES**